BALKANS

REISEFÜHRER

2025

VON

Robert A. Smith

Urheberrechtlich geschützte Materialien

Inhaltsverzeichnis

Mein Urlaub auf dem Balkan

Erste Schritte auf dem Balkan: Ankommen und Ankommen

Ich verspürte eine Mischung aus Eifer und Neugier, als das Flugzeug durch einen Teppich aus flauschigen Wolken stürzte und schroffe Berge freigelegte, die sich in der Ferne erstreckten. Ich freute mich darauf, solche Berge zu sehen. Der Balkan, ein Gebiet, das ich schon lange sehen wollte, erstreckte sich vor mir und sah aus wie ein komplexer Flickenteppich aus vielen Zivilisationen, historischen Ereignissen und atemberaubenden Naturlandschaften. Sobald ich aus dem Flugzeug stieg, fiel mir als Erstes auf, wie frisch die Luft war. Es trug einen Duft in sich, den ich nicht kannte, vielleicht eine Kombination aus Kiefernholz und einem Wind vom Meer in der Ferne, der auf die Vielfalt hinwies, die ich gleich erleben würde.

Am Flughafen, der eine unkomplizierte, aber liebenswerte Einrichtung war, waren sowohl in der Muttersprache als auch in Englisch Schilder angebracht. Die Einheimischen waren ähnlich freundlich. Ein warmes Grinsen und ein einfaches „Dobrodošli!" Ein Zollbeamter bestätigte mir die formelle Einreise in dieses faszinierende Gebiet. Es herrschte ein unausgesprochenes Gefühl der Gelassenheit, als ob das Leben hier langsamer und

6

zielstrebiger abliefe, trotz der Tatsache, dass hier reges Treiben herrschte.

Als ich ins Freie ging, begrüßte mich die Landschaft wie ein alter Freund. Die leuchtend roten Ziegeldächer der umliegenden Gebäude bildeten einen schönen Kontrast zu den hohen Bergen in der Ferne. Die Straßen waren voller Energie – Straßenverkäufer, die frische Lebensmittel verkauften, Cafés voller Kaffeeduft und eine ständige Diskussion in Sprachen, die sowohl musikalisch als auch seltsam klangen.

Meine unmittelbaren Gefühle waren eine Kombination aus Erstaunen und Wertschätzung. Es war offensichtlich, dass es einen Ort gab, an dem Vergangenheit und Gegenwart zusammenlebten. Altes Kopfsteinpflaster säumte die Straßen, während überall das moderne Leben blühte. Ich konnte es kaum erwarten, in diesen kulturellen Schmelztiegel einzutauchen, die Geschichten der Menschen zu hören und den Geist des Balkans seine Magie in meine Reise einfließen zu lassen.

Mit unvergesslichen Erinnerungen abreisen

Als meine Reise über den Balkan zu Ende ging, erinnerte ich mich an die unglaublichen Ereignisse, die sich in den letzten Wochen ereignet hatten. Jeder Schritt, den ich gemacht hatte, schien eine Erzählung zu sein, die nur darauf wartete, erzählt zu werden. Die atemberaubenden Berge Montenegros, wo die Wege den Himmel zu berühren schienen; die geschäftigen Basare von Sarajevo, voller Gewürze Düfte und Gelächter; die ruhigen Strände des Ohrid Sees, wo die Zeit stillzustehen schien – jede Erinnerung war ein Schatz.

Aber mehr als die Websites waren es die Menschen, die den größten Effekt erzielten. Von der alten Dame in einer kleinen Stadt, die mir ihren hausgemachten Rakija und Geschichten über ihr Durchhaltevermögen anbot, bis hin zu der energiegeladenen Gruppe junger Musiker in Belgrad, die mich ermutigen, an ihrem spontanen Straßenauftritt teilzunehmen, die Freundlichkeit und Freundlichkeit der Menschen verwandelten meine Reise in etwas Unvergessliches .
Als das Flugzeug abhob, spähte ich noch einmal aus dem Fenster, während die Landschaften unter mir verschwanden. Ich verspürte ein starkes Gefühl der Zufriedenheit, als hätte der Balkan einen bleibenden Eindruck in meinem Geist hinterlassen. Die

8

Erinnerungen an strahlende Sonnenuntergänge, reichhaltige Abendessen und emotionale Interaktionen werden lange lebendig bleiben. Der Abschied war herzzerreißend, aber ich wusste, dass ich mich nicht wirklich verabschieden wollte – nur „bis zum nächsten Mal".

KAPITEL EINS

Willkommen auf dem Balkan.

Willkommen auf dem Balkan, einem Ort, an dem alte Zivilisationen auf zeitgenössische Energie treffen, wo vielfältige Kulturen neben atemberaubenden Landschaften gedeihen. Der Balkan liegt an der Schnittstelle zwischen Europa und Asien und bietet Besuchern eine unvergessliche Reise durch Geschichte, Kultur und Abenteuer.

Ein Wandteppich aus Geschichte und Kultur

Der Balkan ist reich an Geschichte, von den antiken Überresten Griechenlands bis zu den mittelalterlichen Befestigungsanlagen Serbiens und Kroatiens. Imperien haben dieses Gebiet geprägt: Römer, Byzantiner, Osmanen und Österreich-Ungarn haben alle ihre Spuren hinterlassen und so ein kulturelles Mosaik geschaffen. Orthodoxe Kirchen, islamische Moscheen und katholische Kathedralen stehen nebeneinander und zeugen von der religiösen und architektonischen Vielfalt der Region.

Atemberaubende Landschaften zu Erkunden

Der Balkan ist ein Zufluchtsort für Naturliebhaber. Denken Sie an das kristallklare Meer der Adria entlang der kroatischen Küste, an die schroffen Hügel des Durmitor-Nationalparks in Montenegro,

10

an die ruhigen Seen Nord Mazedoniens und an die sanften Weinberge Sloweniens. Die Albanische Riviera verfügt über unberührte Strände, während die berühmten Inseln Griechenlands eine postkarte reife Landschaft bieten. Ob Sie wandern, segeln oder einfach nur die Landschaft genießen, die natürliche Schönheit der Region wird Sie faszinieren.

Lebendige Traditionen und herzliche Gastfreundschaft.

Der Balkan ist reich an Kultur, von den lebhaften Kafanas (traditionellen Restaurants) Serbiens bis zu den Volkstänzen Bulgariens. Die gefühlvollen Klänge der Tamburica und die pulsierenden Rhythmen der Balkan-Blaskapellen erklingen über Dorfplätze und Stadtstraßen und machen Musik hier zu einem wesentlichen Bestandteil des Alltagslebens. Die Einheimischen sind für ihr freundliches Auftreten bekannt und immer bereit, eine Geschichte, eine Mahlzeit oder einen Schuss Rakija, den berühmten Obstbrand der Region, mit uns zu teilen.

Ein kulinarisches Abenteuer.
Der Balkan ist der Traum eines jeden Feinschmeckers. Genießen Sie frische Meeresfrüchte an der dalmatinischen Küste, kräftige Eintöpfe und gegrilltes Fleisch in Bosnien und Herzegowina sowie traditionelle Desserts wie Burek und Baklava. Die kulinarischen Traditionen der Region werden durch außergewöhnliche Weine aus Nordmazedonien, Kroatien und Slowenien ergänzt.

Was Sie erwartet

Jedes Balkanland hat seinen ganz besonderen Charme:
Kroatien hat mittelalterliche Städte wie Dubrovnik, die atemberaubenden Plitvicer Seen und eine Küste voller Inseln.
Serbien bietet ein aufregendes Nachtleben in Belgrad, mittelalterliche Klöster wie Fruška Gora und wunderschöne Ausflugsziele in den Bergen.
Griechenland hat antike Ruinen in Athen, wunderschöne Inseln wie Santorini und köstliche mediterrane Küche.
Albanien hat versteckte Strände, Dörfer aus der osmanischen Zeit wie Berat und dramatische Bergpanoramen.

Bosnien und Herzegowina: Die berühmte Brücke Stari Most in Mostar, die vielen Kulturen Sarajevos und malerische Flusstäler.

Montenegro hat eine Bucht von Kotor, atemberaubende Bergketten und attraktive Stranddörfer.

Egal, ob Sie sich für antike Geschichte, Outdoor-Erlebnisse oder gastronomische Genüsse interessieren, der Balkan bietet eine fantastische Reise. Dieses Kapitel markiert den Beginn Ihrer Reise durch einen der faszinierendsten und am wenigsten erforschten Orte Europas. Bereiten Sie sich darauf vor, den Zauber des Balkans zu entdecken!

Planen Sie Ihre Reise auf den Balkan.

Planen Sie Ihre Reise auf den Balkan: Ein umfassender Leitfaden

Der Balkan, eine Region mit vielfältigen Kulturen, Landschaften und Geschichte, bietet ein außergewöhnliches Urlaubserlebnis. Die Region, zu der Kroatien, Serbien, Albanien und Griechenland gehören, ist für ihre wunderschönen Küsten, rauen Gebiete und geschäftigen Städte bekannt. Um das Beste aus Ihrer Reise zu machen, ist die richtige Planung unerlässlich. Hier erfahren Sie, wie Sie beginnen:

1. Wählen Sie Ihre Reiseziele.
Der Balkan deckt ein breites Spektrum an Interessen ab. Hier sind einige häufige Entscheidungen, die Sie in Betracht ziehen sollten:
Strandliebhaber: Besuchen Sie die dalmatinische Küste Kroatiens, die Budva-Riviera Montenegros und die Ksamil-Strände Albaniens.
Geschichtsinteressierte sollten Sarajevo (Bosnien und Herzegowina), Plovdiv (Bulgarien) oder Belgrad (Serbien) besuchen.
Naturliebhaber sollten die Plitvicer Seen (Kroatien), den Durmitor-Nationalpark (Montenegro) oder das Prokletije-Gebirge (Albanien) besuchen.
Kulturforscher: Erleben Sie eine Verschmelzung osmanischer und europäischer Einflüsse an Orten wie Skopje (In Mazedonien) und Tirana (Albanien).
Tipps:
Um nicht unter Druck gesetzt zu werden, priorisieren Sie einige Länder.
Berücksichtigen Sie die Jahreszeit: Der Sommer eignet sich gut für Strandausflüge, aber Frühling und Herbst eignen sich ideal für Ausflüge in die Natur und in die Städte.
2. Erstellen Sie eine Reiseroute.
Berücksichtigen Sie bei der Organisation Ihrer Reise Folgendes:

14

Zeitrahmen: Eine Woche reicht für ein oder zwei Nationen. Planen Sie eine Mehrländerreise von mindestens 10–14 Tagen.

Highlights: Recherchieren Sie Orte, die Sie in jedem Land gesehen haben müssen, und wählen Sie diejenigen aus, die Ihren Vorlieben entsprechen.

Tempo: Überbuchen Sie Ihren Zeitplan nicht. Nehmen Sie sich Zeit, die lokale Kultur und das Essen kennenzulernen.

Beispiel-Reiseplan (10 Tage): Tag 1-2: Dubrovnik, Kroatien – Erkunden Sie die alten Stadtmauern und entspannen Sie an der Adria.

Tag 3–4: Kotor, Montenegro – Erkunden Sie die Bucht und wandern Sie zur Burg.

Tag 5–6: Mostar, Bosnien – Besuchen Sie die historische Brücke und probieren Sie traditionelle bosnische Küche.

Tag 7–8: Sarajevo, Bosnien – Erfahren Sie mehr über seine Geschichte und kulturelle Vielfalt.

Tag 9-10: Besuchen Sie Belgrad, Serbien, und genießen Sie das dynamische Nachtleben und die historischen Sehenswürdigkeiten.

3. Transportmöglichkeiten.

Flüge: Großstädte wie Belgrad, Sarajevo und Dubrovnik verfügen über internationale Flughäfen.

Züge: Obwohl es malerisch ist, ist der Bahnverkehr eingeschränkt. Verwendung für spezielle Routen wie Belgrad-Bar (Montenegro).

Urheberrechtlich geschützte Materialien

Busse sind das zuverlässigste und kostengünstigste Mittel, um zwischen Städten und Ländern zu reisen. Für den Besuch ländlicher Regionen oder Nationalparks sind Mietwagen ideal; überprüfen Sie jedoch die Regeln für grenzüberschreitende Vermietung. Fähren sind ideal für die Verbindung von Küstenorten in Kroatien, Griechenland und Montenegro.

4. Visa und Reisedokumente

Visabestimmungen: Die meisten Besucher aus der Europäischen Union, den Vereinigten Staaten, dem Vereinigten Königreich und Australien dürfen für bis zu 90 Tage ohne Visum in die Balkanländer reisen. Überprüfen Sie die Beschränkungen jedes Landes, insbesondere für Schengen- und Nicht-Schengen-Staaten.

Reisepässe: Stellen Sie sicher, dass sie mindestens sechs Monate gültig sind.

Versicherung: Eine Reiseversicherung, die Gesundheit und Unfälle abdeckt, wird dringend empfohlen.

Grenzüberschreitende Genehmigungen: Wenn Sie Auto fahren, stellen Sie sicher, dass Ihr Mietfahrzeug über eine Green Card für Grenzübertritte verfügt.

5. Tipps zu Sprache und Kommunikation.

Sprachen: Zu den Amtssprachen der Balkanstaaten gehören Serbisch, Kroatisch, Albanisch und

Griechisch. In touristischen Regionen wird häufig Englisch gesprochen.

Lernen Sie Schlüsselsätze:

Hallo: Zdravo (Serbien, Montenegro, Bosnien) oder Hello (Albanien).

„Danke": Hvala (Kroatien, Serbien) und Hvala (Albanien).

Apps: Holen Sie sich Google Translate und eine lokale Wörterbuch-App.

6. Das Wichtigste zum Packen

Kleidung: Packen Sie für verschiedene Klimazonen ein.

Sommer: Tragen Sie leichte Kleidung, Badeanzüge und Sonnencreme.

Winter: Tragen Sie warme Schichten und wasserdichte Kleidung.

Schuhe: Bequeme Wanderschuhe für Kopfsteinpflasterstraßen und Trekkingstiefel für hohes Gelände.

Zu den Reisedokumenten gehören Fotokopien Ihres Reisepasses, Ihrer Versicherung und Ihrer Tickets.

Adapter: Die europäischen Steckertypen C und F sind weit verbreitet.

Zu den weiteren Artikeln gehören eine wiederverwendbare Wasserflasche, eine Powerbank und ein kleines Erste-Hilfe-Set.

7. Zusätzliche Tipps

Urheberrechtlich geschützte Materialien

Währung: Machen Sie sich mit Währungen vertraut (z. B. Euro in Montenegro und Griechenland, Kuna in Kroatien und Lek in Albanien). Tragen Sie Bargeld an abgelegenen Orten.
Die lokale Küche umfasst Burek (Gebäck), ćevapi (gegrilltes Schweinefleisch) und Baklava.
Sicherheit: Der Balkan ist normalerweise sicher, aber seien Sie vorsichtig mit Ihrer Umgebung und vermeiden Sie politische Debatten.
Mit der richtigen Vorbereitung kann Ihr Urlaub auf dem Balkan eine perfekte Mischung aus Action, Freizeit und kulturellen Entdeckungen sein. Beginnen Sie jetzt Ihr Abenteuer und tauchen Sie ein in den Reiz dieses faszinierenden Ortes!

Beste Reisezeit für den Balkan.

Der Balkan, ein Gebiet mit unterschiedlichen Kulturen und Landschaften, bietet das ganze Jahr über einzigartige Erlebnisse, aber die optimale Reisezeit hängt von den Aktivitäten ab, die Sie unternehmen möchten. Hier finden Sie eine vollständige Analyse der idealen Zeiten für einen Besuch der verschiedenen Orte auf dem Balkan:
Frühling (März – Mai)
Der Frühling ist eine ideale Jahreszeit, um den Balkan für Trekking- und Kulturreisen zu besuchen. Das Wetter ist warm und die Temperaturen liegen

zwischen 10 °C und 20 °C, was es für Erkundungen im Freien außerhalb der Sommerhitze geeignet macht. Der Frühling bietet blühende Blumen und üppige Landschaften, insbesondere in Albanien, Montenegro und Nordmazedonien. Es finden auch kulturelle Feste und Aktivitäten statt, die es den Besuchern ermöglichen, lokale Traditionen und Bräuche kennenzulernen.

Für preisbewusste Touristen ist der Frühling eine ausgezeichnete Zeit, um dem Trubel im Hochsommer zu entfliehen. Unterkunft und Flugpreise sind günstiger und wichtige Touristenorte wie Dubrovnik in Kroatien, Plovdiv in Bulgarien und Belgrad in Serbien sind weniger überlastet.

Sommer (Juni-August)

Der Sommer ist die Hauptreisezeit auf dem Balkan, insbesondere entlang der Adriaküste. Kroatien, Montenegro und Griechenland sind berühmt für ihre wunderschönen Strände, das unberührte Meer und ihr pulsierendes Nachtleben. Dies ist die ideale Jahreszeit für einen Strandurlaub, da das Wetter glühend heiß ist und die Temperaturen oft über 30 °C liegen. In dieser Zeit strömen Touristen in Scharen an beliebte Strandorte wie Split, Dubrovnik und die Albanische Riviera.

Allerdings ist es auch die teuerste Reisezeit, da die Übernachtungskosten höher sind und die

Sehenswürdigkeiten überfüllt sind. Wenn Sie den Menschenmassen entfliehen und trotzdem den Sommer genießen möchten, besuchen Sie Orte im Landesinneren wie das bulgarische Rila-Gebirge oder die Landschaft Serbiens.

Herbst (September–November)

Der Herbst ist auch eine gute Jahreszeit zum Wandern, insbesondere in Gebieten wie den Julischen Alpen, Sloweniens oder dem rauen Hochland Montenegros. Das Wetter bleibt mild und der Herbstlaub steigert die Attraktivität der Umgebung. Im September und Anfang Oktober bleibt es an der Adriaküste warm, aber die Menschenmassen sind zurückgegangen, was für ein ruhiges und entspanntes Erlebnis sorgt.

Der Herbst ist auch eine fantastische Zeit für preisbewusste Touristen, da er zwischen der hektischen Sommer- und der Wintersaison liegt.

Winter (Dezember - Februar).

Der Winter ist die beste Jahreszeit zum Skifahren und für andere Winteraktivitäten. Auf dem Balkan gibt es zahlreiche bekannte Skigebiete, darunter Bansko in Bulgarien, Kopaonik in Serbien und Jahorina in Bosnien und Herzegowina. Die Skisaison dauert von Dezember bis März und die Skigebiete sind eine günstigere Alternative zu westeuropäischen Skigebieten. Das Wetter kann kühl sein, wobei die

Temperaturen in Berggebieten unter den Gefrierpunkt fallen, ideal für den Wintersport. Schließlich hängt die optimale Jahreszeit für einen Besuch auf dem Balkan von Ihren Lieblingsaktivitäten ab: Frühling und Herbst für Trekking und kulturelle Entdeckungen, Sommer für Strandurlaube und Winter für Skifahren. Um hohe Preise und überfüllte Reiseziele zu vermeiden, planen Sie Ihren Urlaub in der Nebensaison – Frühling und Herbst –, wenn das Wetter schöner und die Menschenzahl geringer ist.

Balkan-Zeitzonen und Klima

Der Balkan, ein abwechslungsreiches und geschichtsträchtiges Gebiet im Südosten Europas, deckt viele Zeitzonen und Temperaturzonen ab, daher müssen Touristen diese Aspekte bei der Planung ihrer Reise berücksichtigen.

Zeitzonen:

Während der Standardzeit verwenden die meisten Balkanstaaten die Mitteleuropäische Zeit (MEZ, UTC+1). Beteiligt sind unter anderem Slowenien, Kroatien, Bosnien und Herzegowina, Serbien und Montenegro. Andere Länder wie Griechenland, Rumänien und Bulgarien verwenden jedoch die osteuropäische Zeit (EET, UTC+2). Albanien und Nordmazedonien nutzen ebenfalls MEZ, allerdings ist die Ortszeit im Kosovo und Serbiens synchronisiert.

In der gesamten Region gilt die Sommerzeit (DST), die am letzten Sonntag im März beginnt und am letzten Sonntag im Oktober endet. In dieser Zeit stellen die Länder je nach Zeitzone auf die Mitteleuropäische Sommerzeit (MESZ, UTC+2) oder die Osteuropäische Sommerzeit (EEST, UTC+3) um.

Klima:

Das Klima auf dem Balkan ist aufgrund seiner geografischen Vielfalt sehr unterschiedlich und reicht von Mittelmeerküsten bis hin zu rauen Alpenketten.

Küstenstaaten wie Kroatien, Griechenland und Montenegro haben ein mediterranes Klima. Die Sommer sind heiß und trocken, die Temperaturen liegen oft über 30 °C (86 °F), besonders in Küstenstädten wie Dubrovnik und Athen. Die Winter sind gemäßigt und feucht, wobei die Temperaturen selten unter 5 °C (41 °F) fallen. Besonders in den Wintermonaten regnet es häufig.

Kontinentales Klima: Die Innenteile des Balkans, wie Serbien, Nord Mazedonien und Bulgarien, haben ein eher kontinentales Klima. Die Sommer sind hier warm mit Durchschnittstemperaturen von etwa 25 °C (77 °F), während Hitzewellen die Temperaturen manchmal erheblich ansteigen lassen. Die Winter sind kühler, oft sinken sie unter den Gefrierpunkt und es fällt typisch für Bergregionen Schnee.

Gebirgsklima: In Gebirgsregionen der Region wie den Dinarischen Alpen und Karpaten herrschen das ganze Jahr über kältere Temperaturen. Diese Orte sind bekannt für ihre starken Schneefälle im Winter, was sie für Winteraktivitäten attraktiv macht, sie sind aber auch anfällig für plötzliche Wetterschwankungen.
Reisende sollten je nach Reise verschiedene Umstände einpacken, darunter warmes Strandwetter und eiskalte Temperaturen in den Alpen.

Jahreszeiten, Wetter und Feste auf dem Balkan

Der Balkan, ein abwechslungsreiches Gebiet in Südosteuropa, weist eine große Bandbreite an Temperaturen und Landschaften auf, die jede Jahreszeit einzigartig und interessant machen. Der Frühling auf dem Balkan zeichnet sich durch üppige Landschaften und blühende Blumen aus, insbesondere in Bulgarien und Rumänien, wo Tulpenfelder und Wildblumen zum Leben erwachen. Die Temperaturen steigen und das gemäßigte Wetter macht es perfekt für Outdoor-Aktivitäten wie Trekking oder den Besuch alter Städte.
Die Sommer auf dem Balkan sind warm und sonnig und Küstenorte wie Kroatien, Montenegro und Albanien sind zu beliebten Strand Zielen geworden. In Städten wie Belgrad und Sofia kann es recht heiß

werden, doch die kühlen Brisen entlang der Adriaküste sorgen für Abhilfe. Der mediterrane Einfluss sorgt für warme, trockene Temperaturen, die sich ideal für die Erkundung geschäftiger Städte, historischer Ruinen und Bergdörfer eignen. Dies ist auch die Jahreszeit für verschiedene interessante Veranstaltungen, wie zum Beispiel das Dubrovniker Sommerfestival. Es findet im Juli und August statt und bietet klassische Musik-, Theater- und Tanzveranstaltungen an Open-Air-Standorten in der gesamten Stadt, die zum UNESCO-Weltkulturerbe gehört.

Der Herbst auf dem Balkan ist eine schöne Jahreszeit, in der sich die Bäume satte Rot-, Gold- und Orangetöne färben. Die Erntezeit liefert eine Fülle an frischen lokalen Produkten, von Äpfeln in Slowenien bis zu Weintrauben in Serbien. Es ist auch eine großartige Zeit für Weinliebhaber, da lokale Feste an die Weinernte erinnern, beispielsweise das Weinlesefest in der berühmten Weinregion Kavadarci in Nordmazedonien. Das kühlere Wetter eignet sich ideal zum Wandern in den Bergen oder zum Besuch lokaler Erntedankfeste.

Die Winter auf dem Balkan sind kühl, besonders in den Bergen, wo der Schnee die Gegend in ein Winterwunderland verwandelt. Skigebiete in Bulgarien, Serbien und Montenegro sind bei Wintersportlern beliebt. Das EXIT-Festival in

Serbien, das im Juli stattfindet, ist eines der größten Musikereignisse Europas und lockt Weltstars nach Novi Sad. Dennoch bieten Winterfeste wie Belgrads Silvester und die orthodoxen Weihnachtsfeierlichkeiten auch eine geschäftige Umgebung für Besucher, die auf der Suche nach winterlichen Reizen sind.

Ein praktischer Leitfaden zur Budgetierung einer Reise auf den Balkan.

Der Balkan, ein südosteuropäisches Gebiet, das für seine reiche Geschichte, atemberaubende Landschaft und verschiedene Kulturen bekannt ist, wird zu einem immer beliebter werdenden Touristenziel. Mit Ländern wie Kroatien, Serbien, Griechenland, Bosnien und Herzegowina, Albanien und Montenegro bietet der Balkan eine vielfältige Auswahl an Erlebnissen zu angemessenen Preisen, insbesondere im Vergleich zu Westeuropa. Hier finden Sie einen vollständigen Leitfaden zur richtigen Budgetierung eines Urlaubs auf dem Balkan, der die Ausgaben für Unterkunft, Verpflegung, Transport und Aktivitäten verschlüsselt und Empfehlungen zum Geldsparen enthält.

1. Übernachtungskosten:

Die Unterkunft ist einer der teuersten Aspekte des Reisens, aber der Balkan bietet eine Vielzahl kostengünstiger Optionen.

Budget-Unterkunft: Schlafsäle in Hostels kosten normalerweise 10 bis 25 USD pro Nacht. Es gibt günstige Pensionen, Hotels und Airbnb-Alternativen zwischen 25 und 50 US-Dollar pro Nacht für einzelne Zimmer.

Mittelklasse-Unterkunft: Für einen komfortablen Aufenthalt sollten Sie zwischen 50 und 100 USD pro Nacht für 3-Sterne-Hotels oder Privatzimmer in Pensionen einplanen.

Luxus Unterkünfte: Luxushotels können zwischen 100 und 250 US-Dollar pro Nacht kosten, wobei einige High-End-Resorts in Kroatien oder Montenegro mehr als 300 US-Dollar kosten.

Albanien, Bosnien und Herzegowina und Serbien haben typischerweise die niedrigsten Unterkunftspreise. Städte wie Sarajevo (Bosnien), Belgrad (Serbien) und Tirana (Albanien) bieten ausgezeichnete, preisgünstige Unterkünfte.

Tipps zum Sparen bei der Unterkunft:

Buchen Sie im Voraus: Nutzen Sie Buchungsplattformen, um die besten Angebote und Rabatte zu erhalten.

Ziehen Sie Hostels oder Gastfamilien in Betracht: Dies sind ausgezeichnete Optionen für Alleinreisende oder diejenigen, die neue Leute kennenlernen möchten.

Übernachten Sie in kleineren Städten oder ländlichen Gebieten: Außerhalb großer Touristenziele wie Dubrovnik oder Athen sind Unterkünfte häufig deutlich günstiger.

2. Essenskosten

Das Essen auf dem Balkan ist oft preiswert und die einheimischen Spezialitäten bieten ein hervorragendes Preis-Leistungs-Verhältnis.

Street Food/lokale Cafés: Ein Mittagessen bei einem Straßenhändler oder einem kleinen lokalen Restaurant kostet zwischen 3 und 7 USD. Traditionelle Speisen wie Cevapi (gegrilltes Schweinefleisch) und Burek (mit Fleisch, Käse oder Spinat gefülltes Gebäck) sind beliebt und erschwinglich.

Mittelklasse Restaurants: Eine Mahlzeit am Tisch kostet zwischen 10 und 20 USD, inklusive Getränk.

Restaurants im westlichen Stil: Mahlzeiten in ausländischen Restaurants oder gehobenen Gastronomiebetrieben können zwischen 20 und 50 USD pro Person kosten.

Selbstverpflegung: Wenn Sie in einer Mietwohnung mit Küche wohnen, kann das Essen je nach Ihren Essgewohnheiten zwischen 20 und 30 USD pro Woche kosten.

Urheberrechtlich geschützte Materialien

Erschwingliche Länder: Albanien, Nordmazedonien, Bosnien und Herzegowina haben die günstigsten Lebensmittel Optionen, insbesondere Streetfood.
Tipps zum Sparen von Mahlzeiten:
Essen Sie dort, wo die Einheimischen essen: Lokale Kneipen und Cafés bieten oft die leckersten Mahlzeiten zu den niedrigsten Kosten.
Wenn Sie in einem Airbnb wohnen oder Zugang zu einer Küche haben, besuchen Sie lokale Märkte, um frische Lebensmittel und Snacks zu kaufen.
Trinken Sie vor Ort: Importierte Getränke, insbesondere Alkohol, können teuer sein. Probieren Sie lokale Biere oder Weine, die viel günstiger sind.
3. Transportkosten
Reisen auf dem Balkan können wirtschaftlich sein, insbesondere angesichts der großen Auswahl an Budgets.
Öffentliche Verkehrsmittel: Bus- und Straßenbahn-Fahrpreise in großen Städten wie Belgrad, Sofia und Zagreb kosten zwischen 1 und 3 US-Dollar. In kleineren Städten und ländlichen Gebieten können die Preise günstiger sein.
Züge: Züge sind eine günstige Möglichkeit, zwischen Städten zu reisen. Die Fahrpreise liegen je nach Entfernung zwischen 10 und 40 USD. Allerdings sind Bahnverbindungen möglicherweise seltener und langsamer als Busse.

Busse: Busreisen sind häufig die günstigste Möglichkeit, zwischen Ländern zu reisen. Die Fahrkarten für kurze Fahrten (z. B. zwischen Sarajevo und Belgrad) kosten zwischen 10 und 30 US-Dollar. Fernbusse sind zwar etwas teurer, aber immer noch erschwinglich.

Taxis und Ride-Sharing: Taxis kosten zwischen 1 und 2 US-Dollar pro Kilometer, während Ridesharing-Dienste wie Uber in verschiedenen Städten verfügbar sind, wobei die Preise oft niedriger sind als die von Taxis.

Autovermietung: Die Anmietung eines Autos kann zwischen 25 und 50 USD pro Tag kosten, wobei die Kosten je nach Saison und Standort variieren.

Erschwingliche Länder: Albanien, Kosovo, Bosnien und Herzegowina haben die niedrigsten Preise für öffentliche Verkehrsmittel und Taxis.

Tipps zum Sparen beim Transport:
Nutzen Sie Busse für Reisen zwischen den Bundesstaaten: Sie sind im Allgemeinen günstiger als Züge und bieten mehr Strecken.

Buchen Sie Tickets im Voraus: Wenn Sie Bus- und Bahntickets online buchen, können Sie manchmal Geld sparen.

Nutzen Sie öffentliche Verkehrsmittel in Städten: Diese sind günstiger als Taxis oder Mitfahrgelegenheiten und relativ einfach zu verwalten.

4. Aktivitäten und Besichtigungen

Der Balkan bietet eine Reihe von Aktivitäten, von denen viele kostengünstig oder sogar kostenlos sind. Die Eintrittspreise für Museen, Schlösser und kulturelle Attraktionen liegen normalerweise zwischen 5 und 15 USD. Einige Attraktionen, wie die Belgrader Festung oder das Sarajevo-Tunnel Museum, sind möglicherweise kostenlos oder verlangen einen geringen Eintrittspreis.

Outdoor-Aktivitäten: Wandern, der Besuch von Nationalparks und die Erkundung der Küste sind normalerweise kostenlos. Beliebte kroatische Aktivitäten wie Rafting auf dem Fluss Tara und die Besichtigung der Politiker Seen kosten zwischen 20 und 50 US-Dollar.

Strandresorts: Während die Adriaküste in Kroatien und Montenegro teuer sein kann, sind Strände in Albanien und Nord Montenegro günstiger.

Albanien und Bosnien und Herzegowina sind beide erschwingliche Länder mit zahlreichen kostenlosen oder kostengünstigen Aktivitäten. Im Vergleich dazu sind Kroatiens Nationalparks und Montenegros Küstengebiete teurer.

Tipps zum Sparen bei Aktivitäten:

Entdecken Sie die Natur: Der Balkan ist voller natürlicher Schönheit und zahlreiche Wanderwege, Seen und Strände sind frei zugänglich.

Profitieren Sie von kostenlosen Rundgängen: Viele Städte bieten kostenlose Rundgänge an, bei denen Sie am Ende ein Trinkgeld hinterlassen können.

Suchen Sie nach Ersparnissen: Viele Attraktionen bieten Ermäßigungen für Studenten, Rentner und Frühbucher.

5. Erschwinglichkeit Vergleich zwischen Balkanländern

Hier finden Sie eine allgemeine Bewertung der Erschwinglichkeit der Region, von „am erschwinglichen" bis „am wenigsten":

Albanien ist bekannt für seine unglaublich günstigen Ausgaben, einschließlich Unterkunft, Verpflegung und Transport.

Bosnien und Herzegowina: Ein verborgener Schatz zu erschwinglichen Preisen, insbesondere in Orten wie Sarajevo und Mostar.

Serbien: Belgrad und Novi Sad bieten angemessene Preise für Verpflegung, Unterkunft und Transport.

Nordmazedonien: Skopje bietet in allen Bereichen angemessene Kosten.

Montenegro: Küstenorte wie Kotor und Budva könnten teuer sein, während Attraktionen im Landesinneren erschwinglich bleiben.

Kosovo ist eine wirtschaftliche Nation mit minimalen Transport- und Unterbringungskosten.

Kroatien: Beliebte Touristenorte wie Dubrovnik und Split können teuer sein, während kleinere Dörfer günstiger sind.

Griechenland: Während viele Teile Griechenlands (insbesondere die Inseln) teuer sind, bietet das griechische Festland ein hervorragendes Preis-Leistungs-Verhältnis.

6. Allgemeine Spartipps für den Balkan

Reisen außerhalb der Saison: Außerhalb der Haupt-Sommermonate (Juni bis August) sinken die Preise dramatisch, insbesondere für Unterkünfte und Flüge.

Verwenden Sie Reisepässe: Einige Städte bieten Besuchern Fahrkarten für den öffentlichen Nahverkehr oder Ermäßigungen an.

Vermeiden Sie Touristenfallen: Restaurants und Geschäfte in der Nähe wichtiger Touristenziele verlangen teilweise überhöhte Preise. Gehen Sie etwas weiter, um die Schätze der Region zu entdecken.

Tragen Sie die Landeswährung bei sich: Während Kreditkarten häufig akzeptiert werden, ist Bargeld in der Regel günstiger und bestimmte Geschäfte gewähren möglicherweise Rabatte für Barzahlungen.

Packen Sie wenig Gepäck ein: Um zusätzliche Gepäckkosten für Flüge innerhalb der Region zu vermeiden, packen Sie nur das , was Sie brauchen.

Abschluss

Urheberrechtlich geschützte Materialien

Der Balkan bietet Touristen ein hervorragendes Preis-Leistungs-Verhältnis mit einer großen Auswahl an günstigen Alternativen für Unterkunft, Verpflegung und Aktivitäten.

KAPITEL ZWEI

Auf dem Weg zum Balkan

Willkommen zu Kapitel 2 Ihres ultimativen Balkan-Reiseführers! In diesem Teil führen wir Sie durch die verschiedenen Methoden, um zu diesem faszinierenden Ort zu gelangen, sei es auf dem Luft-, Land- oder Wasserweg. Der Balkan ist eine komplexe Region mit interessanten Kulturen, Landschaften und Geschichte, und das Reisen dorthin ist einfacher, als Sie vielleicht erwarten. Hier finden Sie eine Zusammenfassung, wie Sie zu Ihrem ersten Standort auf dem Balkan gelangen, zusammen mit allen notwendigen Richtlinien und Informationen für eine erfolgreiche Ankunft.

Reisen mit dem Flugzeug

Die wichtigsten Flughäfen des Balkans

Der Balkan ist gut mit dem Luftweg verbunden und verfügt über große internationale Flughäfen, die mehrere Nationen in der Region bedienen. Einige der wichtigsten Flughäfen sind:

Belgrad Nikola Tesla (BEG): Serbiens wichtigster internationaler Flughafen mit Flügen aus großen europäischen Städten und darüber hinaus.

Der Flughafen Sofia (SOF) ist Bulgariens wichtigster Flughafen mit Verbindungen zu verschiedenen Städten in Europa und im Nahen Osten.

Der Flughafen Zagreb (ZAG) ist Kroatiens größter Flughafen und dient vor allem während der touristischen Sommersaison als Drehkreuz für internationale Flüge.

Der Flughafen Istanbul (IST) ist ein internationales Drehkreuz mit häufigen Flügen in die Balkanländer, insbesondere in der Nebensaison.

Billigflieger und Billigflieger

Auf dem Balkan operieren mehrere Billigfluggesellschaften, die günstige Flüge zu verschiedenen Zielen anbieten. Halten Sie Ausschau nach Angeboten von Fluggesellschaften wie Wizzair, Ryanair und easyJet. Diese Fluggesellschaften bieten häufig saisonale Reiserouten und Sonderangebote an. Schauen Sie daher regelmäßig auf Ihren Websites vorbei.

Visabestimmungen

Die Visabestimmungen unterscheiden sich je nach Ihrer Nationalität und dem Land, das Sie besuchen. Viele Einwohner der Europäischen Union können ohne Visum in die meisten Balkanstaaten reisen. Touristen aus anderen Ländern müssen jedoch möglicherweise im Voraus oder bei der Ankunft ein Visum beantragen. Es ist wichtig, die Visabestimmungen für jedes Land, das Sie besuchen möchten, rechtzeitig zu prüfen.

Reisen auf dem Landweg

Grenzübertritt und Transport

Reisen auf dem Landweg sind eine beliebte Wahl für Menschen, die den Balkan in einem langsameren Tempo entdecken möchten. Mehrere Grenzübergänge verbinden die Balkanstaaten und es stehen zahlreiche Transit Möglichkeiten zur Verfügung, darunter:

Busse sind eine kostengünstige Möglichkeit, zwischen Städten auf dem Balkan zu reisen. Mehrere Busunternehmen bieten Fernreisen an, häufig mit Übernachtungen.

Zug: Ein malerisches und angenehmes Transportmittel, insbesondere für diejenigen, die die atemberaubende Landschaft genießen möchten. Allerdings sind die Schienennetze in mehreren Balkanländern möglicherweise unterentwickelt.

Autovermietung: Wenn Sie ein Auto mieten, können Sie die Gegend in Ihrem eigenen Tempo erkunden. Beachten Sie jedoch die örtlichen Fahrbeschränkungen und Straßenverhältnisse.

Tipps für Landreisen:

Grenzübergänge: An Grenzübergängen ist mit Verzögerungen zu rechnen, insbesondere während der Hochsaison.

Geldwechsel: Um Betrug zu vermeiden, tauschen Sie Ihr Geld an einer offiziellen Börse oder Bank um.

Lokale Bräuche und Etikette: Respektieren Sie lokale Bräuche und Traditionen, insbesondere wenn Sie ländliche Regionen besuchen.

Reisen auf dem Seeweg: Fährrouten und Häfen
Mehrere Fährrouten verbinden verschiedene Küstenstädte auf dem Balkan. Zu den beliebten Fährrouten gehören:
Kroatien: Fähren verbinden das Festland mit Inseln wie Hvar, Korčula und Brač.
Griechenland: Fähren verbinden das griechische Festland mit den Inseln Kreta, Rhodos und Santorini.
Fährverbindungen verbinden italienische Häfen wie Ancona und Bari mit kroatischen Städten wie Split und Dubrovnik.
Tipps für Seereisen.
Buchung im Voraus: Es wird empfohlen, Bootstickets im Voraus zu reservieren, insbesondere in der Hochsaison.
Seekrankheit: Wenn Sie zu Seekrankheit neigen, sollten Sie die Einnahme von Medikamenten in Betracht ziehen oder natürliche Lösungen ausprobieren.
Gepäckbeschränkungen: Beachten Sie die Gepäckbeschränkungen und Zuschläge für aufgegebenes Gepäck.
Abschluss
Ob Sie fliegen, fahren oder segeln, die Ankunft auf dem Balkan ist eine aufregende Reise. Sie können eine reibungslose Anreise und ein tolles Erlebnis gewährleisten, indem Sie Ihre Route sorgfältig planen und alle verfügbaren Transportalternativen prüfen.

Im folgenden Kapitel werfen wir einen Blick auf die Sehenswürdigkeiten des Balkans, die man gesehen haben muss, darunter historische Städte und atemberaubende Naturwunder. Bleiben Sie dran!

Flugreisen auf dem Balkan verstehen.

Flugreisen sind nach wie vor die häufigste und effektivste Art, die Balkanhalbinsel zu besuchen, ein Gebiet, das für seine reiche Geschichte, verschiedene Kulturen und wunderschöne Landschaften bekannt ist. Ganz gleich, ob Sie die Küste Kroatiens besuchen, die historischen Ruinen Griechenlands besichtigen, in die dynamischen Städte Serbiens eintauchen oder die unberührte Natur Albaniens erleben möchten – Flugreisen bieten vielfältige Möglichkeiten für eine komfortable Anreise.

Der Balkan verfügt über zahlreiche große internationale Flughäfen, sodass Reisen von überall auf der Welt relativ einfach sind. Die meisten dieser Flughäfen bieten Direkt- und Anschlussflüge an, sodass Passagiere die Region problemlos erreichen können. Hier finden Sie eine Übersicht über die wichtigsten Flughäfen und Fluggesellschaften sowie Vorschläge für die Buchung von Tickets für den Balkan.

Wichtige internationale Flughäfen auf dem Balkan

Internationaler Flughafen Zagreb (ZAG), Kroatien

Der internationale Flughafen Zagreb, Kroatiens wichtigstes Tor, ist ein geschäftiger Knotenpunkt für Besucher, die in die Hauptstadt des Landes und darüber hinaus kommen. Es liegt etwa 17 Kilometer von der Innenstadt von Zagreb entfernt und dient als Haupteingangspunkt für Flugzeuge, die in das Land reisen. Croatia Airlines, Lufthansa und Air France bieten Direktflüge von großen europäischen Städten wie London, Paris und Frankfurt an, wobei Anschlussflüge von weltweiten Drehkreuzen aus möglich sind.

Internationaler Flughafen Athen (ATH) – Griechenland

Der internationale Flughafen Athen ist Griechenlands verkehrsreichster Flughafen und ein wichtiges Tor zur Region. Als Griechenlands wichtigster internationaler Flughafen verbindet er Touristen sowohl mit dem Festland als auch mit den Inseln und bietet eine breite Palette an Flügen an. Aegean Airlines, Olympic Air und Billigfluggesellschaften wie Ryanair bieten alle umfangreichen Strecken nach Athen aus ganz Europa und darüber hinaus an. Es ist ein ausgezeichneter Ausgangspunkt, um nicht nur Athen, sondern auch beliebte Reiseziele wie Kreta, Santorini und Thessaloniki zu besuchen.

Flughafen Belgrad Nikola Tesla (BEG), Serbien

Der Nikola-Tesla-Flughafen Belgrad liegt rund 18 Kilometer vom Stadtzentrum entfernt und dient als wichtigstes internationales Tor Serbiens. Es ist bekannt für seinen effizienten Betrieb und verbindet die serbische Hauptstadt mit wichtigen Städten auf der ganzen Welt, einschließlich Direktflügen von New York, Wien und Moskau. Die bekanntesten Fluggesellschaften sind Air Serbien und Turkish Airlines, die sowohl Direkt- als auch Anschlussflüge nach Serbien anbieten.

Internationaler Flughafen Tirana (TIA) – Albanien Albaniens wichtigster Flughafen, Tirana International, verbindet das Land mit verschiedenen europäischen Städten. Es ist der Haupteingangspunkt für Besucher, die Albaniens Küste, Schönheit, Berge und Kulturdenkmäler besichtigen möchten. Fluggesellschaften wie Alba Wings, Wizz Air und easyJet fliegen von und nach großen europäischen Städten wie Mailand, London und Rom. Obwohl er kleiner als andere ländliche Flughäfen ist, werden hier immer mehr Auslandsflüge abgefertigt, insbesondere während der Touristensaison im Sommer.

Flughäfen Podgorica und Tivat, Montenegro Die Flughäfen Podgorica und Tivat bedienen Montenegro, ein kleines, aber beliebtes Reiseziel, und bieten bequemen Zugang zu den Stränden und attraktiven Landschaften des Landes. Vor allem

Tivat ist ein beliebtes Reiseziel für Touristen, die die Küstengebiete Montenegros, insbesondere die Bucht von Kotor, besuchen. Montenegro Airlines und andere europäische Fluggesellschaften, darunter Ryanair und easyJet, fliegen regelmäßig beide Flughäfen von anderen europäischen Standorten aus an.

Flughafen Sofia (SOF) – Bulgarien
Der internationale Flughafen Sofia ist Bulgariens größter Flughafen und dient als Drehkreuz für Flüge in die Hauptstadt des Landes und zu beliebten Touristenzielen wie Plovdiv und Varna. Es bietet sowohl Direkt- als auch Anschlussflüge von und zu europäischen Großstädten sowie bestimmte Langstreckenflüge an. Bulgaria Air, Lufthansa und Turkish Airlines bedienen den Flughafen.

Fluggesellschaften, die den Balkan bedienen
Der Balkan wird von einer Reihe internationaler und regionaler Fluggesellschaften angeflogen, die sowohl Passagieren mit umfassendem Service als auch preisbewussten Passagieren gerecht werden. Hier sind einige der wichtigsten Fluggesellschaften:

Air Serbia
Als wichtigste Fluggesellschaft Serbiens betreibt Air Serbien ein großes Netzwerk von Direktflügen zu wichtigen Städten in Europa, dem Nahen Osten und Nordamerika. Es bietet auch Anschlussflüge über

den Balkan an und ist damit eine ideale Alternative für Touristen, die mehrere Städte in der Region besuchen möchten.

Aegean Airlines
Aegean Airlines ist Griechenlands größte Fluggesellschaft und bekannt für ihr umfangreiches Inlands- und Auslandsgeschäft. Die Fluggesellschaft fliegt täglich von zahlreichen europäischen Städten nach Athen und verfügt über ein breites Netzwerk, das Verbindungen zu anderen griechischen Inseln und Balkanstandorten bietet.

Croatia Airlines
Croatia Airlines ist eine nationale Fluggesellschaft und bedient Standorte wie Dubrovnik, Split und Pula. Es verfügt über ein leistungsstarkes Netzwerk in ganz Europa mit Verbindungen zu wichtigen Zentren wie München, Frankfurt und London.

Wizz Air
Wizz Air, eine Billigfluggesellschaft, ist eine beliebte Wahl für preisbewusste Besucher auf dem Balkan. Die Fluggesellschaft fliegt eine Vielzahl von Zielen an, darunter Albanien, Bulgarien, Rumänien und Nordmazedonien, und bietet häufig günstige Preise für preisbewusste Kunden.

Ryanair
Ryanair, bekannt für seine niedrigen Tarife, verbindet mehrere europäische Städte mit wichtigen

Standorten auf dem Balkan. Die Fluggesellschaft bedient verschiedene Regionalflughäfen, unter anderem in Kroatien, Serbien und Montenegro, und bietet häufig Direktflüge zu ermäßigten Tarifen an.
Tipps zur Buchung von Flügen auf den Balkan.
Buchen Sie im Voraus.
Je früher Sie Ihren Flug buchen, desto höher sind die Preise. Es ist vorzuziehen, 2-3 Monate im Voraus zu buchen, insbesondere wenn Sie während der touristischen Hauptsaison wie im Sommer oder in den Ferien reisen möchten.

Erwägen Sie Anschlussflüge.
Während Direktflüge in großen Städten auf dem Balkan häufig verfügbar sind, können Anschlussflüge gelegentlich ein günstigeres Preis-Leistungs-Verhältnis bieten oder es Ihnen ermöglichen, andere Orte zu besuchen. Bei Verbindungen über große europäische Drehkreuze wie Wien, Frankfurt oder Istanbul kann es häufig zu günstigeren Tickets kommen.
Nutzen Sie Budget Airlines für regionale Reisen.
Sobald Sie auf dem Balkan sind, sollten Sie nach günstigen Fluggesellschaften wie Wizzair, Ryanair oder easyJet für kurze Regionalflüge zwischen benachbarten Ländern Ausschau halten. Dies könnte eine kostengünstige Möglichkeit sein, während Ihrer Reise zahlreiche Orte zu besuchen.

Überprüfen Sie die Visa- und Reisebeschränkungen.

Während mehrere Balkanstaaten Mitglieder der Europäischen Union oder des Schengen-Raums sind, sind andere, wie Serbien und Albanien, dies nicht. Bevor Sie Ihr Ticket buchen, überprüfen Sie unbedingt die Visabestimmungen und alle COVID-bedingten Reisebeschränkungen oder -anforderungen.

Berücksichtigen Sie saisonale Schwankungen.

Die Flugpreise auf dem Balkan können je nach Jahreszeit variieren. In den Sommermonaten (Mai bis September) fallen aufgrund der erhöhten Nachfrage, insbesondere an Küstenorten, in der Regel höhere Ticketpreise an. Erwägen Sie einen Urlaub in der Nebensaison.

Abschluss

Flugreisen sind die bequemste Art, auf den Balkan zu reisen, da es mehrere internationale Flughäfen, Fluggesellschaften und Reisemöglichkeiten gibt. Egal, ob Sie Kroatien, Griechenland, Serbien, Albanien oder ein anderes Balkanland besuchen, Sie haben zahlreiche Möglichkeiten, um Ihren Reisen, Bedürfnissen und Ihrem Budget gerecht zu werden. Mit der richtigen Planung können Sie ein fantastisches Angebot erhalten und Ihre Balkanreise problemlos beginnen.

Reisen auf dem Landweg

Eine Landreise auf den Balkan ist eine einfache und malerische Möglichkeit, die Gegend zu erkunden, insbesondere wenn Sie sich bereits in Europa befinden. Der Balkan ist über Straße und Schiene gut angebunden, was grenzüberschreitende Reisen erleichtert. Wenn Sie aus einem nahegelegenen Land wie Ungarn, Österreich oder der Türkei anreisen, gibt es mehrere Möglichkeiten, mit dem Bus, dem Auto oder der Bahn an Ihr Ziel zu gelangen.

Wenn Sie mit dem Bus reisen, werden Sie häufige Verbindungen zwischen wichtigen Balkanstädten und Orten in ganz Europa entdecken. Busunternehmen bieten Verbindungen von Budapest, Wien und Sofia ins Zentrum des Balkans an, einschließlich wichtiger Orte wie Belgrad, Sarajevo und Zagreb. Der Bus ist häufig eine günstigere Option, auch wenn die Fahrt länger dauern kann als bei anderen Verkehrsmitteln.

Für diejenigen, die eine Reise mit dem Auto planen, ist das Straßennetz auf dem Balkan in der Regel in gutem Zustand. Autobahnen und malerische Straßen sorgen für eine angenehme Anreise. Wenn Sie ein Auto mieten, können Sie ländliche Regionen erkunden und in Ihrem eigenen Tempo reisen. Es ist jedoch wichtig, die örtlichen Fahrregeln zu kennen, wie z. B. Geschwindigkeitsbegrenzungen und -beschränkungen, die je nach Land unterschiedlich sein können. Es wird außerdem empfohlen, sich einen internationalen Führerschein zu besorgen und sich über die Maut- und Straßenbenutzung Vorschriften entlang Ihrer Route zu informieren.

Besonders für den Besuch großer Städte ist das Reisen mit der Bahn eine weitere hervorragende Alternative. Der Balkan ist durch eine Vielzahl internationaler Bahnverbindungen mit Europa verbunden. Beispielsweise können Züge von Budapest oder Wien nach Belgrad oder Zagreb genommen werden, was eine bequeme und friedliche Möglichkeit bietet, durch die Region zu reisen. Allerdings verkehren die Bahnfahrpläne möglicherweise weniger häufig als die Busfahrpläne. Buchen Sie Ihre Tickets daher im Voraus.

Seien Sie beim Grenzübertritt auf Pass- und Zollkontrollen vorbereitet. Lange Schlangen an Grenzübergängen sind keine Seltenheit, insbesondere in der Hochsaison. Es ist wichtig, dass Sie Ihre Reisepapiere bereithalten und die Visumsanforderungen im Voraus bestätigen.

Insgesamt ist die Landreise eine einzigartige und flexible Möglichkeit, den Balkan zu erkunden und die verschiedenen Landschaften und Kulturen der Region entlang der Route zu genießen.

Reisen auf dem Seeweg

Auf dem Seeweg auf den Balkan reisen
Der Balkan, ein Gebiet, das für seine reiche Geschichte, verschiedene Kulturen und wunderschöne Landschaften bekannt ist, verfügt über eine wunderschöne Küstenlinie entlang des Adriatischen, Ionischen und Ägäischen Meeres. Diese Küstenbreite macht Wasserreisen zu einer attraktiven und malerischen Wahl für Gäste, die aus Italien, Griechenland oder anderen nahe gelegenen Ländern reisen. Ganz gleich, ob Sie die Ruhe einer Fährfahrt oder die Opulenz einer Kreuzfahrt bevorzugen, es gibt mehrere Möglichkeiten, diesen faszinierenden Ort auf dem Wasserweg zu erreichen. Hier finden Sie einen detaillierten Überblick über die schönsten Seerouten, großen Häfen und Fährbetreiber, die den Balkan bedienen, sodass Sie die bequemste und unterhaltsamste Methode auswählen können, um diese faszinierende Region Europas zu besuchen.
1. Wichtige Seewege zum Balkan
Von Italien nach Kroatien (Adria)
Italien und Kroatien haben eine lange Geschichte über Verbindungen über die Adria. Fähren von Venedig, Ancona und Bari bieten direkte Verbindungen zu wichtigen kroatischen Orten wie Split, Dubrovnik, Zadar und Rijeka. Dies ist eine der beliebtesten und bequemsten Routen, insbesondere

für Reisende aus Westeuropa. Die Bootsfahrt selbst bietet atemberaubende Ausblicke auf die Adriaküste und die Nähe zu Inseln wie Hvar und Brac trägt zusätzlich zum Reiz bei.

Von Italien nach Montenegro (Adria)
Fähren von den italienischen Häfen Bari und Ancona fahren auch nach Montenegro, insbesondere in die Stadt Bar. Die Adriaküste Montenegros mit ihren hoch aufragenden Klippen, malerischen Städten wie Kotor und schönen Stränden ist ein verlockendes Reiseziel. Fähren von Italien nach Montenegro dauern in der Regel 8–10 Stunden und bieten eine ruhige Fahrt über die Adria.

Von Italien nach Albanien (Adria)
Albaniens Küstenstädte, darunter Durrës und Vlorë, sind von Italien aus leicht mit der Fähre erreichbar, insbesondere vom Hafen von Bari. Fähren nach Albanien bieten eine ausgezeichnete Gelegenheit, diesen weniger besuchten, aber immer beliebter werdenden Ort zu entdecken, der für seine natürlichen Strände und die rauen Berglandschaft bekannt ist.

Fähren verbinden Griechenland, Albanien und Montenegro über das Ionische Meer. Das Ionische Meer verbindet griechische Inseln wie Korfu mit Küstenstädten in Albanien (wie Durrës) und Montenegro (wie Bar und Kotor). Diese Routen bieten eine weitere wunderbare Möglichkeit, den

Balkan zu erreichen, mit Ausblicken auf die unberührten Wasserstraßen und Inseln entlang des Weges.

Von Griechenland bis in die Türkei (Ägäis).

Obwohl sie rechtlich nicht zum Balkan gehören, nutzen viele Menschen Fähren von Griechenland in die Türkei als Sprungbrett, um die Region weiter zu erkunden. Fähren verbinden die griechischen Inseln, darunter Rhodos und Lesbos, mit türkischen Häfen wie Çeşme und Izmir und bieten so einen bequemen Zugang zum Balkan auf dem Landweg.

2. Wichtige Balkanhäfen: Kroatien.

Dubrovnik: Dubrovnik ist einer der bekanntesten Häfen Kroatiens und nicht nur ein wichtiges Kreuzfahrtziel, sondern auch ein Fähr Knotenpunkt aus Italien. Die zum UNESCO-Weltkulturerbe gehörende Altstadt, die wunderschönen Stadtmauern und die Nähe zu Inseln wie Lokrum und den Elaphiti-Inseln machen sie für viele Besucher zu einem Muss.

Split, ein weiterer wichtiger Hafen in Kroatien, ist von Italien und anderen kroatischen Küstenstädten aus leicht mit dem Boot erreichbar. Der historische Diokletianpalast ist hier eine beliebte Sehenswürdigkeit.

Zadar: Zadar ist bekannt für seine malerische mittelalterliche Stadt und seine Meeresorgeln und einen wichtigen Hafen für Schiffe aus Italien.

Montenegro
**Bar, ein bedeutender Hafen an der montenegrinischen Küste, verbindet Italien und bietet Zugang zur herrlichen Bucht von Kotor und den benachbarten Stränden Montenegros.
Kotor: Diese kleine Hafenstadt in der Bucht von Kotor gehört zum UNESCO-Weltkulturerbe und ist ein schöner Zwischenstopp für Fähren, die Zugang zum Hochland und zur herrlichen Küste des Landes bieten.**
Albanien
**Durrës, Albaniens größter Hafen, ist von Italien aus leicht zu erreichen. Durrës ist eine geschäftige Stadt, fungiert aber auch als Tor zur albanischen Riviera, einem versteckten Juwel mit wunderschönen Stränden und malerischen Siedlungen.
Vlorë, ein bedeutender Hafen in Albanien, liegt in der Nähe der wunderschönen Strände der Albanischen Riviera und bietet eine weniger überfüllte Alternative zu Durrës.**
Griechenland
**Igoumenitsa liegt auf dem griechischen Festland und ist einer der wichtigsten Fährhäfen des Landes, der Griechenland mit Albanien und Italien verbindet.
Korfu: Als beliebter Insel Urlaubsort ist Korfu ein wichtiger Hafen für Fähren zwischen Griechenland und Italien sowie ein Einstiegspunkt für Touristen, die Albanien besuchen.**

3. Fährbetreiber

Mehrere Fährgesellschaften bedienen den Balkan und bieten konsistente und zuverlässige Überfahrten aus einer Vielzahl von Ländern an. Einige der renommiertesten Fährunternehmen sind:

Jadrolinija, Kroatien.

Jadrolinija ist Kroatiens größtes Fährunternehmen und betreibt verschiedene Routen, die die kroatische Küste mit Italien verbinden. Es bietet das ganze Jahr über Verbindungen und ist für seine konstanten Fahrpläne und hervorragenden Borddienste bekannt.

GNV (Grandi Navi Veloci, Italien)

GNV bietet schnelle und angenehme Fähren zwischen Italien und dem Balkan. Sie betreiben Strecken von Bari nach Montenegro sowie nach Italien und Albanien. Ihre moderne Flotte und Ausstattung machen sie zu einer beliebten Wahl bei Reisenden.

Blue Line International (Italien–Kroatien)

Blue Line International bietet Hochgeschwindigkeitsboote zwischen Italien und Kroatien, insbesondere zwischen Ancona und Split, und ist damit die ideale Wahl für alle, die schnell an die kroatische Küste gelangen möchten.

Superfast Ferries (Griechenland, Albanien und Montenegro).

Superfast Ferries verbinden Griechenland, Albanien (Igoumenitsa nach Durrës) und Montenegro. Dieses

Unternehmen ist für seine modernen Boote und seinen schnellen Service bekannt.

Agoudimos-Linien (Griechenland - Albanien)

Agoudimos Lines, das zwischen Griechenland und Albanien verkehrt, bietet täglich Boote von Igoumenitsa nach Durrës und ist damit eine beliebte Alternative für Passagiere, die eine angenehme und kostengünstige Route nach Albanien suchen.

4. Kreuzfahrt auf den Balkan

Kreuzfahrtschiffe legen auch häufig in wichtigen Balkanhäfen an und bieten so eine opulente Möglichkeit, die Region zu erkunden. Diese Kreuzfahrten starten häufig in Italien (z. B. Venedig, Bari oder Ancona) und befahren die Adria mit Zwischenstopps in Kroatien, Montenegro und gelegentlich auch Albanien. Der Reiz dieser Kreuzfahrten beruht auf dem Luxus und der Bequemlichkeit, die sie bieten. Die Reiserouten umfassen häufig Stopps in Großstädten wie Dubrovnik, Split und Kotor sowie auf kleineren Inseln und Küsten Dörfern.

5. Vorteile einer Seereise auf den Balkan

Malerische Ausblicke: Reisen auf dem Seeweg bieten unvergleichliche Ausblicke auf die Küsten, Inseln und Ozeane der Adria, des Ionischen Meeres und der Ägäis. Ob mit der Fähre oder einer Kreuzfahrt, die Reise ist ein Erlebnis.

Bequemlichkeit: Eine Seereise kann eine friedlichere und bequemere Art sein, auf den Balkan zu reisen, als lange Autofahrten oder Flüge. Um die Fahrt komfortabler zu gestalten, bieten viele Boote Kabinen, Lounges und Restaurants.

Fähren bieten Zugang zu malerischen Inseln in der Adria und im Ionischen Meer, darunter die kroatischen Inseln Hvar, Brac und Korčula sowie die griechischen Inseln Korfu und Paxos.

Umweltfreundlich: Fähren sind eine umweltfreundlichere Wahl als Flüge, da sie pro Passagier weniger CO_2 ausstoßen.

Abschluss

Eine Bootsfahrt auf den Balkan ist eine hervorragende Möglichkeit, die atemberaubende Küstenlandschaft, die reiche Geschichte und die dynamischen Kulturen der Region zu entdecken.

Balkanfähren und Kreuzfahrten

Balkanfähren und Kreuzfahrten: Ein maritimes Abenteuer.

Fähren und Kreuzfahrten bieten eine einzigartige und malerische Möglichkeit, den Balkan zu erkunden, eine Region, die für ihre atemberaubenden Strände, kristallklaren Wasserstraßen und ihre reiche Geschichte bekannt ist. Diese Seerouten verbinden wichtige Häfen und ermöglichen einen einfachen Zugang zu den zahlreichen Sehenswürdigkeiten der Region, die von historischen Städten bis hin zu malerischen Inseln reichen.

Wichtige Fährstrecken und Häfen
Fähren dienen als wichtige Verbindung zwischen mehreren Küstenstädten und Inseln auf dem Balkan. Dubrovnik, ein UNESCO-Weltkulturerbe in Kroatien, ist ein bedeutendes Verkehrszentrum mit Fährverbindungen, die es mit Italien, Griechenland und anderen kroatischen Städten wie Split verbinden. Split, ein weiterer bedeutender kroatischer Hafen, verbindet das Festland mit den Inseln Hvar und Brac sowie dem italienischen Ancona. Mit seiner ausgedehnten Küste ist Piräus das wichtigste Tor Griechenlands und bietet Fährverbindungen zu den griechischen Inseln Kreta, den Kykladen und den Dodekanes. Weitere wichtige Häfen in der Region sind Kotor (Montenegro) und Bari (Italien), die beide als wichtige Verkehrsknotenpunkte dienen.

Kreuzfahrtrouten auf dem Balkan
Der Balkan entwickelt sich zu einem beliebten Ziel für Kreuzfahrtschiffe. Große Kreuzfahrtlinien wie MSC Cruises, Celebrity Cruises und Viking Ocean Cruises bieten Routen entlang der Adria und der Ägäis an. Diese Kreuzfahrten besuchen Städte wie

Dubrovnik, Split und Kotor sowie Inseln wie Korčula und Mykonos und bieten den Passagieren eine Mischung aus kultureller Entdeckung und Freizeit. Viele Kreuzfahrten beinhalten Stopps auf griechischen Inseln wie Santorini, Rhodos und Kreta, die das einzigartige Erbe und die atemberaubende Naturschönheit der Region hervorheben.

Erlebnis an Bord

Passagiere, die mit dem Boot oder einer Kreuzfahrt auf dem Balkan unterwegs sind, können schöne und praktische Unterkünfte erwarten. Moderne Fähren bieten Unterkünfte, Lounges, Restaurants und Eckbereiche mit einem spektakulären Blick auf die Küste. Insbesondere Kreuzfahrten bieten ein All-Inclusive-Erlebnis mit Unterhaltung, exquisitem Essen und geführten Ausflügen zu den Anlaufhäfen. Ganz gleich, ob es sich um eine kurze Fahrt mit der Fähre oder eine mehrtägige Kreuzfahrt handelt, diese Reiserouten bieten ein fantastisches nautisches Abenteuer durch einen der bezauberndsten Orte Europas.

Erkunden Sie den Balkan mit Zug, Bus und Auto

Der Balkan mit seiner reichen Geschichte, seinen unterschiedlichen Kulturen und atemberaubenden Landschaften lässt sich am besten mit denselben

Urheberrechtlich geschützte Materialien

Transportmitteln erkunden, die seine Städte, Dörfer und Naturwunder verbinden: Züge, Busse und Autos. Egal, ob Sie durch historische Städte oder in abgelegene Bergdörfer reisen, es gibt viele praktische und kostengünstige Möglichkeiten. Hier finden Sie eine Schritt-für-Schritt-Anleitung zur Erkundung des Balkans mit Bahn, Bus und Fahrzeug sowie hilfreiche Vorschläge für die Handhabung aller Transportmittel.

Zugreisen auf dem Balkan
Zugreisen auf dem Balkan sind eine einzigartige Möglichkeit, die Region zu erleben und Komfort mit atemberaubender Landschaft zu verbinden. Das Balkan-Eisenbahnnetz ist groß und verbindet mehrere wichtige Städte in der Umgebung. Entlang der Eisenbahnstrecken gibt es viel zu sehen, von den lebhaften Städten Belgrad und Sofia bis hin zur atemberaubenden Küste Kroatiens.
Malerische Routen: Einer der Hauptvorteile einer Bahnreise auf dem Balkan ist die Möglichkeit, atemberaubende Landschaften zu sehen. Züge fahren häufig durch wunderschöne Landschaften wie Berge, Seen und Flüsse und bieten Touristen eine angenehme Gelegenheit, die natürliche Schönheit der Region zu genießen. Die Route von Sarajevo nach Mostar, Bosnien und Herzegowina, bietet

56

beispielsweise atemberaubende Ausblicke auf raue Hügel und Täler.

Wichtige Strecken: Wichtige Bahnstrecken verbinden Hauptstädte und andere wichtige Städte. Sie können beispielsweise mit der Bahn von Belgrad (Serbien) nach Zagreb (Kroatien) oder von Sofia (Bulgarien) nach Thessaloniki (Griechenland) fahren. Diese Züge bieten eine komfortable Möglichkeit, zwischen Großstädten zu reisen, wobei für längere Fahrten Schlafabteile zur Verfügung stehen.

Zugfahrpläne: Obwohl die Züge auf dem Balkan normalerweise pünktlich sind, ist es wichtig zu beachten, dass es aufgrund der rauen Topographie der Region zu Verzögerungen bei den Fahrplänen kommen kann. Es wird empfohlen, die Fahrpläne im Voraus zu überprüfen, insbesondere bei Reisen ins Ausland. Bahnfahrpläne sind in der Regel online oder an örtlichen Bahnhöfen verfügbar.

Komfort und Erschwinglichkeit: Zugreisen auf dem Balkan sind im Vergleich zu Westeuropa vergleichsweise günstig, insbesondere auf lokalen und regionalen Strecken. Die Ticketpreise variieren je nach Entfernung und Serviceniveau, mit der Option der ersten Klasse für mehr Komfort. Fernzüge enthalten in der Regel Schlafwagen für Nachtfahrten. Fahrkarten können oft an Bahnhöfen oder online über die Websites der verschiedenen nationalen Eisenbahngesellschaften gekauft werden. Für einige

Routen, insbesondere solche, die Länder durchqueren, ist möglicherweise eine vorherige Buchung erforderlich, insbesondere während der touristischen Hochsaison.

Busreisen auf dem Balkan.
Busse sind das beliebteste und kostengünstigste Transportmittel auf dem Balkan für Orte, die nicht mit dem Zug oder regulären Strecken abgedeckt werden. Sie sind ein wichtiges Transportmittel für die Erkundung der Region, insbesondere in ländlichen Städten und Dörfern.

Busse verkehren regelmäßig zwischen Großstädten und Ortschaften und bieten so eine einfache Alternative zum Erkunden. Kleinere Orte wie Dörfer oder abgelegene Orte lassen sich häufig am einfachsten mit dem Bus erreichen, da das Schienennetz diese Gebiete normalerweise nicht erreicht. Städte wie Dubrovnik, Kotor und Ohrid sind bequem mit dem Bus erreichbar.

Busunternehmen: Auf dem Balkan gibt es verschiedene internationale und lokale Busunternehmen. Bekannte Unternehmen wie FlixBus und Eurolines sind in zahlreichen Ländern der Region tätig und bieten häufige Verbindungen sowohl zu Großstädten als auch zu entlegenen Regionen an. Für kurze regionale Fahrten stehen auch Ortsbusse zur Verfügung.

Komfort und Kosten: Balkanbusse sind in der Regel angenehm, die Standards variieren jedoch. Die meisten Überlandbusse sind klimatisiert und verfügen über grundlegende Annehmlichkeiten wie WLAN, Liegesitze und Snacks an Bord. Busfahrkarten sind für entsprechende Entfernungen oft günstiger als die Bahngebühren.

Buchung und Terminplanung: Bus Tickets können online, an Bushaltestellen oder in Reisebüros gekauft werden. Die Busfahrpläne sollten im Voraus überprüft werden, da sich Routen und Abfahrtszeiten je nach Saison ändern können. Fernbusse sind in der Regel pünktlich, es kann jedoch zu Verzögerungen kommen, insbesondere auf hügeligen Strecken oder bei Straßenbauarbeiten.

Grenzübergänge: Mit dem Bus über Grenzen auf dem Balkan zu reisen ist einfach, aber halten Sie Ihren Reisepass und alle benötigten Reisepapiere zur Prüfung bereit, da es in der Region viele Grenzübergänge gibt.

Autofahren auf dem Balkan

Wenn Sie auf dem Balkan ein Auto mieten, können Sie die Region auf eigene Faust erkunden. Es ist eine ausgezeichnete Wahl für Leute, die entfernte Städte, malerische Orte oder Orte erkunden möchten, die mit der Bahn oder dem Bus nicht leicht zu erreichen sind.

Mieten eines Autos: Mietautos sind in Großstädten und Flughäfen leicht verfügbar. Sie können ein Auto für kurze oder längere Ferien mieten, um abgelegene Ziele wie die Strandstädte Albaniens oder die Bergsiedlungen Montenegros zu besuchen. Vermietungsfirmen bieten häufig eine Vielzahl von Fahrzeugen an, von sparsamen Autos bis hin zu Allradfahrzeugen für unwegsames Gelände.

Fahrbedingungen: Der Zustand der Autobahnen auf dem Balkan ist sehr unterschiedlich. Während Hauptstraßen, die Hauptstädte und Städte verbinden, normalerweise gut ausgebaut sind, können Landstraßen vor allem in hügeligen Gebieten kurvig, eng und schlecht beleuchtet sein. Es ist wichtig, vorsichtig zu fahren, insbesondere nachts oder bei schlechtem Wetter.

Verkehrssicherheit und Tipps: Die meisten Balkanländer befolgen vergleichbare Verkehrsnormen, wie z. B. Sicherheitsgurtpflicht, Geschwindigkeitsbeschränkungen und Strafen wegen Fahrens unter Alkoholeinfluss. Machen Sie sich vor der Fahrt unbedingt mit den örtlichen Verkehrszeichen und -regeln vertraut. Die Geschwindigkeitsbegrenzungen in Städten liegen normalerweise bei etwa 50 km/h (31 mph), die Geschwindigkeitsbegrenzungen auf Autobahnen variieren jedoch je nach Land und reichen von 90 km/h (56 mph) bis 110 km/h (68 mph). Das Parken in

Großstädten kann schwierig sein. Informieren Sie sich daher am besten über die Parkbeschränkungen oder nutzen Sie spezielle Parkplätze.

Grenzübertritt mit dem Auto: Wenn Sie mit einem Mietwagen Grenzen überqueren möchten, stellen Sie sicher, dass der Vermieter grenzüberschreitende Reisen zulässt und Sie über die erforderlichen Papiere, einschließlich einer Versicherung verfügen. Einige Autovermietungen erheben zusätzliche Kosten für grenzüberschreitende Anmietungen und es kann Einschränkungen hinsichtlich der Länder geben, in die Sie mit dem Fahrzeug reisen dürfen.

Kosten: Die Kosten für die Anmietung eines Autos variieren je nach Land, Fahrzeugtyp und Mietdauer. Ein Auto für mehrere Tage oder länger zu mieten ist oft kostengünstiger als die Anmietung für einen einzelnen Tag. Die Benzinpreise sind oft günstiger als in Westeuropa, dennoch sollten Sie die Ausgaben für Benzin in Ihr Budget einplanen.

Herausforderungen beim Fahren: Der Balkan ist bekannt für seine raue Topografie und seine kleinen, kurvenreichen Straßen, die das Fahren erschweren können. Seien Sie vorsichtig, wenn Sie Haarnadelkurven befahren, insbesondere an abgelegenen Orten, an denen die Straßen möglicherweise schlecht instand gehalten sind. In anderen Ländern gehen Autofahrer möglicherweise nachsichtiger mit Verkehrsbeschränkungen um. Seien Sie also vorsichtig und geduldig.

Abschluss

Der Balkan bietet eine Reihe von Transportalternativen für alle Arten von Reisenden, sei es mit der Bahn, dem Bus oder dem Fahrzeug. Zugfahrten bieten Komfort und atemberaubende Ausblicke, während Busse eine kostengünstige und häufige Möglichkeit sind, sowohl große Städte als auch versteckte Schätze zu erreichen.

Ein Leitfaden zu Flughäfen, Fluggesellschaften und Flügen auf dem Balkan

Der Balkan, ein Gebiet voller Geschichte und Kultur, ist ein beliebtes Touristenziel und bietet lebendige Städte und atemberaubende Landschaften zu erkunden. Um eine erfolgreiche Reise zu gewährleisten, ist es wichtig, die wichtigsten Flughäfen, Fluggesellschaften und Flughinweise zu kennen. Egal, ob Sie in Zagreb, Belgrad oder Thessaloniki ankommen, dieser Reiseführer hilft Ihnen dabei, sich problemlos zu den Flughäfen und Fluggesellschaften des Balkans zurechtzufinden. Darüber hinaus geben wir praktische Tipps, um Ihr Flugerlebnis komfortabler zu gestalten.

Die wichtigsten Flughäfen des Balkans

Auf dem Balkan gibt es mehrere internationale Flughäfen, so dass die Anreise zu den großen Städten der Region relativ einfach ist. Hier sind die verkehrsreichsten und bedeutendsten Flughäfen:

1. Flughafen Zagreb (ZAG) – Kroatien

Überblick: Zagreb ist die Hauptstadt Kroatiens und der internationale Flughafen ist der verkehrsreichste . Es fungiert als Drehkreuz für inländische und internationale Flugzeuge.

Der Flughafen verfügt über moderne Einrichtungen wie Lounges, Duty-Free-Shops, Restaurants und Geldwechsel-Dienste. Es bietet bequemen Zugang zum Stadtzentrum von Zagreb mit Bussen, Taxis und privaten Verkehrsmitteln.

Croatia Airlines, Lufthansa, Air France und andere europäische Fluggesellschaften bieten häufige Flüge ab Zagreb an.

2. Flughafen Nikola Tesla (BEG) – Belgrad, Serbien

Überblick: Der Nikola-Tesla-Flughafen in Belgrad dient als wichtigstes Tor Serbiens und bietet sowohl internationale als auch lokale Flüge an. Es liegt rund 12 Kilometer vom Stadtzentrum entfernt.

Ausstattung: Der Flughafen bietet Reisenden zollfreies Einkaufen, Restaurants und luxuriöse Lounges. Taxis und Flughafen-Shuttles sind die besten Möglichkeiten, um in die Innenstadt von Belgrad zu gelangen.

Zu den wichtigsten Fluggesellschaften, die von Belgrad aus operieren, gehören Air Serbia (die staatliche Fluggesellschaft), Wizz Air und Turkish Airlines.

3. Flughafen Thessaloniki (SKG) – Griechenland

Überblick: Der Flughafen Thessaloniki ist Griechenlands zweitgrößter Flughafen und dient als Tor für Urlauber und Geschäftsreisende. Es liegt 15 Kilometer vom Stadtzentrum entfernt und dient als wichtiger Ausgangspunkt in die nördliche Region des Landes.

Thessaloniki verfügt über eine Vielzahl von Geschäften, Restaurants und Möglichkeiten zur Fahrzeugvermietung. Flughafentransfers können mit Shuttle Bussen, Taxis oder Privatfahrzeugen durchgeführt werden.

Fluggesellschaften: Die wichtigsten Fluggesellschaften, die Thessaloniki bedienen, sind Aegean Airlines, Ryanair und EasyJet, die sowohl lokale als auch internationale Flüge anbieten.

4. Flughafen Dubrovnik (DBV) – Kroatien

Überblick: Dubrovnik ist ein weiterer bedeutender Flughafen in Kroatien, der besonders bei Besuchern der Adriaküste beliebt ist. Der Flughafen liegt rund 15 Kilometer vom Stadtzentrum entfernt.

Einrichtungen: Der Flughafen bietet wichtige Dienstleistungen wie zollfreies Einkaufen, Restaurants und Geldwechsel. Dubrovnik bietet eine hervorragende Verkehrsanbindung an die Stadt, einschließlich Taxis, Bussen und Shuttle-Services.

Fluggesellschaften: Croatia Airlines, British Airways und Lufthansa fliegen alle von und nach Dubrovnik, insbesondere während der Sommersaison.

5. Flughafen Split (SPU) – Kroatien

Überblick: Der Flughafen Split, der den dalmatinischen Raum bedient, ist ein weiterer wichtiger Zugang für Besucher zur kroatischen Küste. Es ist etwa 24 Kilometer von der Stadt Split entfernt.

Der Flughafen Split verfügt über eine Vielzahl von Dienstleistungen, darunter Autovermietung, Cafés und Geschäfte. Shuttlebusse und Taxis bieten einen bequemen Transport nach Split.

Fluggesellschaften: Ryanair, EasyJet und Croatia Airlines fliegen wichtige Strecken über Split, darunter saisonale Flüge von mehreren europäischen Zielen.

6. Flughafen Sofia (SOF) – Bulgarien

Überblick: Sofia ist die Hauptstadt Bulgariens und der Flughafen Sofia dient als wichtigstes internationales Tor. Es liegt etwa 10 Kilometer vom Stadtzentrum entfernt und bietet einfachen Zugang zu Orten in ganz Europa und darüber hinaus.

Der Flughafen bietet Lounges, Einkaufsmöglichkeiten und Restaurants. Taxis,

U-Bahnen und Busse sind allesamt effektive Transportmittel, um schnell in die Stadt zu gelangen. Fluggesellschaften: Bulgaria Air, Wizz Air und Ryanair bieten sowohl lokale als auch internationale Flüge an.

7. Flughafen Tirana (TIA) – Albanien

Der internationale Flughafen Tirana bedient Albanien und verbindet das Land mit mehreren europäischen Zielen. Es liegt 17 Kilometer von der Hauptstadt entfernt.

Ausstattung: Der Flughafen verfügt über grundlegende Dienstleistungen wie Geschäfte, Restaurants und eine VIP-Lounge. Taxis und Busse bringen Sie in die Stadt.

Zu den Fluggesellschaften, die Tirana bedienen, gehören Air Albania, Wizz Air und EasyJet.

Große Balkan-Fluggesellschaften

Mehrere regionale und internationale Fluggesellschaften fliegen den Balkan an und sorgen so für eine lebenswichtige Konnektivität. Hier sind einige der besten Fluggesellschaften, auf die Sie zählen können:

1. Croatia Airlines

Überblick: Croatia Airlines, Kroatiens nationale Fluggesellschaft, verbindet wichtige Balkanstädte mit anderen europäischen Zielen.

Beliebte Strecken verbinden Zagreb, Dubrovnik, Split und Pula mit europäischen Zielen wie München, Frankfurt und Wien.

2. Air Serbia

Überblick: Serbiens Flaggschiff-Fluggesellschaft Air Serbien ist bekannt für sein breites Netzwerk auf dem Balkan und seine Verbindungen zu wichtigen Städten auf der ganzen Welt.

Beliebte Routen verbinden Belgrad mit New York, London, Moskau und mehreren Hauptstädten des Balkans.

3. Aegean Airlines

Überblick: Aegean Airlines, Griechenlands größte Fluggesellschaft, bietet mehrere Flüge zu Zielen in ganz Europa und auf dem Balkan an.

Zu den beliebten Routen gehören Athen und Thessaloniki zu zahlreichen europäischen Städten sowie interne Verbindungen innerhalb Griechenlands.

4. Wizz Air

Überblick: Wizz Air, eine beliebte Billigfluggesellschaft in Ost- und Mitteleuropa, bietet günstige Flüge von und zu wichtigen Balkanstädten.

Beliebte Routen verbinden Belgrad, Sofia, Skopje und Tirana mit europäischen Städten wie London, Mailand und Berlin.

5. Ryanair

Überblick: Ryanair, bekannt für seine Billigflüge, bedient insbesondere in den Sommermonaten eine Reihe von Balkanrouten.

Zu den beliebten Strecken gehören Flüge von Städten wie Thessaloniki, Split und Belgrad zu Orten in ganz Europa.

Tipps zum Fliegen auf dem Balkan

Wenn Sie diese grundlegenden Tipps befolgen, kann das Fliegen auf dem Balkan ein reibungsloses Erlebnis sein:

1. Buchen Sie im Voraus.

Flüge zu berühmten Touristenorten wie Split, Dubrovnik und Thessaloniki können besonders in der Hochsaison (Sommer) überfüllt sein. Eine frühzeitige Buchung kann Ihnen helfen, bessere Angebote und Verfügbarkeiten zu erhalten.

2. Check-in-Verfahren

Die meisten Flughäfen auf dem Balkan akzeptieren den Online-Check-in. Nutzen Sie diese Option, um Zeit zu sparen. In vielen Ländern der Region müssen Passagiere legale Reisepapiere vorlegen. Halten Sie daher unbedingt Ihren Reisepass oder Personalausweis bereit.

3. Überlegungen zur Währung

Während an den meisten Flughäfen gängige Kreditkarten akzeptiert werden, ist es eine gute Idee, etwas Bargeld vor Ort (kroatische Kuna, serbischer Dinar usw.) für kleine Transaktionen oder

Flughafentaxis dabei zu haben. Wechselstuben stehen zur Verfügung, allerdings können die Kosten hoch sein.

4. Gepäck und Einschränkungen

Die Gepäckbestimmungen können je nach Fluggesellschaft unterschiedlich sein. Billigfluggesellschaften wie Ryanair und Wizz Air erheben in der Regel eine zusätzliche Gebühr für aufgegebenes Gepäck. Informieren Sie sich daher vorab über die Gepäckbestimmungen Ihrer Fluggesellschaft, um Überraschungen zu vermeiden.

5. Lokale Transfers

Die meisten Balkan-Flughäfen verfügen über eine Vielzahl von Transportalternativen, darunter Taxis, Shuttlebusse und private Transportmittel. Bevor Sie in ein Taxi steigen, überprüfen Sie noch einmal die Preise, und wenn Sie einen Shuttle nutzen, bestätigen Sie die Abfahrtszeit im Voraus.

6. Sprache

An großen Flughäfen, insbesondere in Kroatien, Griechenland und Serbien, wird häufig Englisch gesprochen, aber das Erlernen einiger lokaler Wörter kann Ihre Reise angenehmer machen.

7. Hauptreisezeit.

In den Sommermonaten (Juni bis August) gibt es am meisten Flüge zu beliebten Touristenzielen wie der kroatischen Küste, Griechenland und Albanien. Wenn Sie in dieser Zeit reisen, müssen Sie mit einem größeren Andrang an Flughäfen und längeren Wartezeiten rechnen.

Abschluss

Wenn Sie darauf vorbereitet sind, kann ein Flug auf dem und um den Balkan eine entspannende und reizvolle Erfahrung sein. Sie können Ihre Reise stressfreier gestalten, indem Sie sich mit den wichtigsten Flughäfen in der Region vertraut machen und praktische Reiseempfehlungen befolgen.

KAPITEL DREI

Arten von Unterkünften auf dem Balkan

Der Balkan bietet eine vielfältige Auswahl an Unterkunftsmöglichkeiten, die für jeden Reisenden geeignet sind, vom preisbewussten Rucksacktouristen bis zum luxuriös suchenden Gast. In diesem Kapitel werden die verschiedenen Unterkunftsmöglichkeiten in der Region untersucht, um sicherzustellen, dass Sie während Ihrer Reise die perfekte Unterkunft auswählen können.

1. Günstige Unterkünfte: Für diejenigen, die mit einem knappen Budget reisen, gibt es auf dem Balkan viele erschwingliche Optionen, ohne auf Komfort verzichten zu müssen. Hostels sind in Großstädten wie Belgrad, Zagreb und Sofia weit verbreitet und bieten gemeinsame Schlafsäle und Privatzimmer zu einem Bruchteil der Kosten. Diese Herbergen bieten eine gesellige Atmosphäre und verfügen oft über Gemeinschaftsküchen, Gemeinschaftsräume und organisierte Touren. Für ein einzigartiges Erlebnis sollten Sie die Unterbringung in einem Gästehaus oder einem Privatzimmer in einem Familienhaus in Betracht ziehen, wovon es in ländlichen Gegenden und Kleinstädten reichlich gibt. Diese Unterkünfte bieten einen Einblick in das lokale Leben zu einem unschlagbaren Preis.

2. Mittelklasse Hotels: Mittelklassehotels sind der ideale Ort für Reisende, die mehr Komfort suchen, ohne dafür Geld ausgeben zu müssen. Diese Hotels befinden sich sowohl in Städten als auch in beliebten Touristenzielen wie Dubrovnik, Sarajevo und Skopje und bieten moderne Annehmlichkeiten wie Klimaanlage, kostenloses WLAN und Frühstück. Viele Mittelklasse Hotels liegen in der Nähe wichtiger Sehenswürdigkeiten und sind daher ideal für Besichtigungen. Sie bieten eine Mischung aus lokaler und internationaler Küche und bieten den Gästen ein ausgewogenes Erlebnis zwischen Luxus und Erschwinglichkeit.

3. Boutique-Hotels: Für ein persönlicheres Erlebnis sind Boutique-Hotels die perfekte Wahl. Diese kleinen Hotels befinden sich normalerweise in historischen Gebäuden oder malerischen Gegenden und legen Wert auf einzigartiges Design, intime Atmosphäre und hochwertigen Service. Ob eingebettet in die engen Gassen der Altstädte oder vor einer atemberaubenden Landschaft: Boutique-Hotels bieten ein exklusives Erlebnis mit maßgeschneiderten Dienstleistungen und sind ideal für alle, die einen anspruchsvollen Aufenthalt suchen.

4. Luxusresorts: Auf dem Balkan gibt es auch eine Auswahl an Luxusresorts, insbesondere entlang der atemberaubenden Adriaküste in Orten wie Montenegro und Kroatien. Diese gehobenen Resorts

bieten erstklassige Annehmlichkeiten wie Privatstrände, Spas, Gourmetrestaurants und Infinity-Pools. Diese Unterkünfte liegen oft an abgelegenen, malerischen Orten und sind perfekt für Reisende, die einen erholsamen Urlaub mit außergewöhnlichem Service suchen.
Egal, ob Sie ein einfaches, gemütliches Gästehaus oder einen großzügigen Rückzugsort am Meer bevorzugen, der Balkan bietet Unterkünfte für jeden Geschmack und Geldbeutel, sodass Sie auf Ihrer Reise ganz einfach den perfekten Ort zum Ausruhen finden.

Hostels und günstige Unterkünfte

Der Balkan, eine Region, die für ihre reiche Geschichte, ihre vielfältigen Kulturen und atemberaubenden Landschaften bekannt ist, ist zu einem beliebten Reiseziel für preisbewusste Reisende geworden. Hostels und günstige Unterkünfte bieten eine erschwingliche Möglichkeit, diesen pulsierenden Teil Europas zu erkunden, mit dem zusätzlichen Vorteil, andere Reisende kennenzulernen und die gesellige Atmosphäre zu genießen, für die Hostels bekannt sind. Ganz gleich, ob Sie ein Rucksacktourist mit knappem Budget oder ein junger Reisender sind, der neue Kontakte knüpfen möchte, der Balkan

73

bietet eine Vielzahl an Optionen, die Ihren
Bedürfnissen gerecht werden.
Die meisten Hostels auf dem Balkan befinden sich in
geschäftigen Städten wie Belgrad, Sarajevo, Zagreb
und Split sowie an malerischen Orten wie der Bucht
von Kotor in Montenegro und der Albanischen
Riviera in Albanien. Diese Hotels verfügen in der
Regel über eine Reihe von Unterkunftsarten,
darunter Mehrbettzimmer und Privatzimmer, sodass
sie sowohl für Alleinreisende als auch für Gruppen
geeignet sind. Die Atmosphäre ist oft entspannt und
einladend, ideal für ein geselliges Beisammensein und
den Austausch von Reisegeschichten. Viele Hostels
organisieren gemeinschaftliche Aktivitäten wie
Kneipentouren, Stadtrundfahrten oder sogar
Kochkurse, die dazu beitragen, das
Gemeinschaftsgefühl unter den Reisenden zu
fördern.
Eines der besten Dinge an Hostels auf dem Balkan ist
die Erschwinglichkeit. Für einen Bruchteil der
Kosten eines Hotels können Sie saubere und
komfortable Einrichtungen genießen. Einige Hostels
bieten Annehmlichkeiten wie kostenloses WLAN,
Küchen und sogar kostenloses Frühstück. Dieser
budgetfreundliche Ansatz ermöglicht es Ihnen, Ihr
Reisebudget zu erweitern und gleichzeitig die
zahlreichen Attraktionen der Region zu genießen,

von den antiken Ruinen von Dubrovnik bis zu den atemberaubenden Stränden Kroatiens.

Ein weiterer Anziehungspunkt ist die lebendige gesellschaftliche Szene in vielen dieser Herbergen. Reisende aus der ganzen Welt kommen zusammen, um Erfahrungen auszutauschen und Ratschläge zu geben. So können leicht Freundschaften geschlossen werden und verborgene Schätze abseits der ausgetretenen Pfade entdeckt werden. Egal, ob Sie die geschäftigen Straßen von Belgrad oder die ruhigen Landschaften Montenegros erkunden, der Aufenthalt in einem Hostel bietet nicht nur einen Ort zum Ausruhen, sondern auch eine Gelegenheit, mit gleichgesinnten Abenteurern in Kontakt zu treten.

Pensionen und B&Bs

Pensionen und Bed & Breakfasts (B&Bs) auf dem Balkan bieten eine einzigartige Alternative zu traditionellen Hotels und bieten Reisenden die Möglichkeit, während ihres Aufenthalts eine intimere, persönlichere und heimelige Atmosphäre zu genießen. Diese Unterkünfte, die oft von einheimischen Familien geführt werden, vermitteln den Gästen einen tieferen Einblick in die Kultur und Geschichte der Region und schaffen eine warme, einladende Umgebung, in der Gastfreundschaft im Mittelpunkt steht.

75

Was Pensionen und B&Bs auszeichnet, ist ihr Engagement, den Besuchern das Gefühl zu geben, zu Hause zu sein. Mit weniger Zimmern im Vergleich zu großen Hotels bieten diese kleineren Einrichtungen einen gemütlichen und privaten Raum, der oft die lokalen Traditionen, die Architektur und die persönliche Note der Eigentümer widerspiegelt. Es ist nicht ungewöhnlich, mit einer hausgemachten Mahlzeit oder einem frisch gebrühten Kaffee begrüßt zu werden, der einen echten Eindruck von der Region vermittelt.

Pensionen und B&Bs sind ideal für Reisende, die authentische Erlebnisse suchen. Die Eigentümer, in der Regel Einheimische, geben gerne Insiderwissen über die besten Geheimtipps der Gegend weiter, darunter lokale Märkte, malerische Wanderwege und Kulturfestivals. Diese persönliche Interaktion kann Ihre Reise von einem einfachen Urlaub in eine Entdeckungsreise verwandeln, da diese Gastgeber Ihnen weniger bekannte Aspekte der Region vorstellen, die größere Hotels möglicherweise übersehen.

Zusätzlich zum persönlichen Erlebnis bringt der Aufenthalt in einer Pension oder einem B&B oft den zusätzlichen Vorteil eines günstigeren Preises mit sich. Mit einer Vielzahl von Optionen auf dem gesamten Balkan – von Rückzugsorten an der Küste in Kroatien bis hin zu Zufluchtsorten in den Bergen in Bulgarien – sind diese Unterkünfte für jedes Budget geeignet und bieten gleichzeitig hohe Standards an Komfort und Sauberkeit.

Egal, ob Sie auf der Suche nach lokalen kulinarischen Köstlichkeiten, traditioneller Musik oder einfach nur einem ruhigen Ort zum Entspannen nach einem erlebnisreichen Tag sind, Pensionen und B&Bs auf dem Balkan bieten den perfekten Ausgangspunkt für Reisende, die in die lokale Kultur eintauchen und gleichzeitig genießen möchten eine gemütliche, familienorientierte Umgebung.

Balkan-Hotels

Der Balkan, eine vielfältige und kulturreiche Region in Südosteuropa, bietet eine große Auswahl an Hotels für unterschiedliche Geschmäcker und Geldbeutel. Egal, ob Sie ein preisbewusster Reisender sind oder auf der Suche nach einem Luxusurlaub sind, Sie werden ein Hotel finden, das Ihren Bedürfnissen entspricht. Die Region beherbergt eine Mischung aus charmanten Städten, historischen Stätten und malerischen Küsten, und die Unterkünfte spiegeln diese Vielfalt wider.

Für Reisende mit begrenztem Budget bietet der Balkan eine Fülle erschwinglicher Optionen. In Städten wie Belgrad, Zagreb und Sofia finden Sie preisgünstige Hotels, die saubere, funktionale

Zimmer mit den wichtigsten Annehmlichkeiten bieten. Diese Unterkünfte bieten oft einen komfortablen Ausgangspunkt für die Erkundung der lokalen Kultur und bieten eine gute Anbindung an öffentliche Verkehrsmittel und beliebte Sehenswürdigkeiten. Hostels, Pensionen und kleine familiengeführte Hotels bieten ebenfalls erschwingliche Übernachtungen an, meist bei freundlichen Gastgebern vor Ort, die gerne ihr Wissen über die Gegend weitergeben.

Am anderen Ende des Spektrums befinden sich auf dem Balkan mehrere Luxusresorts, insbesondere entlang der Adriaküste. Städte wie Dubrovnik, Split und Kotor bieten erstklassige Hotels am Meer mit atemberaubendem Blick auf das kristallklare Wasser. Diese Luxushotels verfügen oft über erstklassige Einrichtungen, darunter gehobene Restaurants, Privatstrände, Spas und Infinity-Pools. Sie richten sich an Gäste, die ein verwöhnendes Erlebnis suchen, mit außergewöhnlichem Service und opulenten Zimmern, die auf maximalen Komfort ausgelegt sind. Neben Lage und Preis zeichnen sich die Hotels auf dem Balkan durch moderne Annehmlichkeiten aus, die auf die Bedürfnisse moderner Reisender zugeschnitten sind. kostenloses WLAN, Klimaanlage und Concierge-Service gehören in den meisten Hotels zum Standard und sorgen für einen angenehmen und angenehmen Aufenthalt. Ob Sie ein Boutique-Hotel mit einzigartigem Design oder eine bekannte internationale Kette bevorzugen, die zuverlässigen Komfort bietet, die Hotels auf dem Balkan sind bestrebt, Ihren Aufenthalt unvergesslich und stressfrei zu gestalten.

Entfliehen Sie der Ruhe der Öko-Lodges und ländlichen Rückzugsorte auf dem Balkan

Der Balkan, eine Region, die für ihre reiche Geschichte, vielfältige Kulturen und unberührte Landschaften bekannt ist, bietet einen außergewöhnlichen Zufluchtsort für diejenigen, die Ruhe und Erholung suchen. Öko-Lodges und ländliche Rückzugsorte in dieser Gegend bieten eine beispiellose Gelegenheit, sich mit der Natur zu verbinden und gleichzeitig die Auswirkungen auf die Umwelt zu minimieren. Diese Unterkünfte sind perfekt für Naturliebhaber, Abenteuer-Suchende und diejenigen, die sich von den Anforderungen des modernen Lebens erholen möchten, und bieten eine harmonische Mischung aus Nachhaltigkeit und Gelassenheit.

Die Essenz von Öko-Lodges auf dem Balkan

Öko-Lodges auf dem Balkan sollen sicherstellen, dass Gäste die Schönheit der Natur erleben, ohne die Umwelt zu beeinträchtigen. Diese Lodges werden häufig aus nachhaltigen Materialien wie lokalem

Stein, Holz und Lehm gebaut, um die umliegenden Ökosysteme nur minimal zu beeinträchtigen. Viele von ihnen werden mit erneuerbaren Energiequellen wie Sonnenkollektoren, Windturbinen oder Wasserkraft aus nahegelegenen Bächen betrieben. Das Ziel besteht nicht nur darin, Komfort zu bieten, sondern auch zu zeigen, wie Tourismus mit der Natur koexistieren kann.

Die Architektur und das Innendesign von Öko-Lodges spiegeln typischerweise die lokale Kultur wider und bieten ein authentisches Erlebnis, das sich nahtlos in die natürliche Landschaft einfügt. Diese Lodges befinden sich oft an abgelegenen Orten, tief in Wäldern, neben ruhigen Flüssen oder an Berghängen und sorgen so für eine friedliche und intensive Umgebung. Gäste können mit Vogelgezwitscher und dem Anblick unberührter Natur geweckt werden, weit weg vom Lärm und der Umweltverschmutzung städtischer Gebiete.

Ländliche Rückzugsorte: Ein Schritt zurück in die Zeit

Ländliche Rückzugsorte auf dem Balkan bieten ein einzigartiges Erlebnis, das Tradition und Nachhaltigkeit auf eine Weise verbindet, die die Gäste in eine einfachere Zeit entführt. Diese Rückzugsorte befinden sich typischerweise in kleinen Dörfern oder in abgelegenen ländlichen Gebieten, wo das Leben langsamer abläuft. Ein Aufenthalt auf dem

Land bedeutet, die Lebensweise vor Ort aus erster Hand zu erleben und etwas über Landwirtschaft, Handwerk und andere traditionelle Praktiken zu lernen.
Viele dieser Rückzugsorte befinden sich in Regionen, die für ihr reiches kulturelles Erbe bekannt sind, beispielsweise in den ländlichen Gebieten Montenegros, Serbiens oder Albaniens. Die Unterkünfte befinden sich oft in restaurierten traditionellen Häusern oder familiengeführten Gästehäusern und bieten eine gemütliche und intime Atmosphäre. Hier können Sie hausgemachte Mahlzeiten aus regionalen Zutaten genießen und vielleicht sogar an Aktivitäten wie Angeln, Wandern teilnehmen oder von lokalen Handwerkern lernen, wie man Käse oder Honig herstellt.
Nachhaltigkeit: Das Herzstück der Erfahrung
Einer der attraktivsten Aspekte eines Aufenthalts in einer Öko-Lodge oder einem ländlichen Rückzugsort auf dem Balkan ist das Engagement für Nachhaltigkeit. Viele dieser Unterkünfte wenden umweltfreundliche Praktiken an, die ihren CO_2-Fußabdruck verringern und den Umweltschutz fördern. Gäste finden häufig wassersparende Maßnahmen, Abfallmanagementsysteme und Biogärten, in denen frische Produkte für die Mahlzeiten angebaut werden.

Einige Öko-Lodges engagieren sich sogar in Naturschutzprojekten, etwa zum Schutz der heimischen Tierwelt oder zur Wiederherstellung gefährdeter Lebensräume. Diese Initiativen zielen darauf ab, Besucher in den nachhaltigen Tourismus einzubeziehen und sie zu ermutigen, kritisch über ihre Auswirkungen auf den Planeten nachzudenken. Es ist eine Gelegenheit, sich zu entspannen, die Schönheit der Natur zu genießen und gleichzeitig zu ihrer Erhaltung beizutragen.

Ein friedlicher Rückzugsort für Geist und Seele

Ob Sie in einer Öko-Lodge inmitten der Berge von Bosnien und Herzegowina oder in einem ländlichen Rückzugsort am Ufer des Ohrid-Sees übernachten, diese Unterkünfte bieten den perfekten Rahmen zum Entspannen. Die umliegenden Landschaften eignen sich ideal zum Wandern, Vogelbeobachtung, Radfahren oder einfach zum Genießen der Ruhe der Natur. Die friedliche Umgebung ermöglicht es Ihnen, sich von der Technologie zu lösen und sich auf das persönliche Wohlbefinden zu konzentrieren, was es zum perfekten Ort für Achtsamkeit und Erholung macht.

Viele Öko-Lodges und ländliche Rückzugsorte bieten auch Fitnessprogramme wie Yoga, Meditation und Spa-Behandlungen mit natürlichen und biologischen Produkten an. Diese Aktivitäten bieten Gästen die

Möglichkeit, in einer harmonischen Umgebung zu entspannen und neue Kraft zu tanken.

Abenteuer und Entdeckung

Während Öko-Lodges und ländliche Rückzugsorte ideal für Ruhesuchende sind, sind sie auch ideal für Abenteuerlustige. Der Balkan beherbergt einige der spektakulärsten Naturwunder Europas, darunter unberührte Flüsse, schroffe Berge und dichte Wälder. Aktivitäten wie Kajakfahren, Mountainbiken, Wandern und Wildbeobachtungen sind oft direkt vom Retreat oder der Öko-Lodge aus möglich.

Sie können beispielsweise die wilde Schönheit des Flusses Tara in Montenegro erkunden, eine Wanderung durch die Rhodopen in Bulgarien unternehmen oder eine geführte Tour durch den zum UNESCO-Weltkulturerbe gehörenden Nationalpark Plitvicer Seen in Kroatien genießen. Diese Orte bieten zahlreiche Möglichkeiten für Outdoor-Abenteuer und unterstützen gleichzeitig umweltfreundliche und nachhaltige Praktiken, die die umliegenden Landschaften schützen.

Lokale Kultur und Eintauchen

Der Aufenthalt in einer Öko-Lodge oder einem ländlichen Rückzugsort ist auch ein umfassendes kulturelles Erlebnis. Gäste haben die Möglichkeit, mit lokalen Gemeinschaften in Kontakt zu treten und

83

mehr über deren Geschichte, Traditionen und Lebensweise zu erfahren. Viele ländliche Rückzugsorte bieten kulturelle Workshops an, darunter traditionelle Kochkurse, Volksmusik und Kunstausstellungen, die den Besuchern ein tieferes Verständnis der Region vermitteln.

Darüber hinaus bieten lokale Bauern und Kunsthandwerker häufig handgefertigte Produkte wie Töpferwaren, Wolltextilien sowie lokale Weine und Käsesorten an. Diese Souvenirs unterstützen die lokale Wirtschaft und bieten den Gästen eine spürbare Verbindung zu den besuchten Orten.

Fazit: Eine perfekte Balance zwischen Natur und Komfort

Öko-Lodges und ländliche Rückzugsorte auf dem Balkan bieten den perfekten Rückzugsort für diejenigen, die Wert auf Nachhaltigkeit, Natur und Entspannung legen. Ganz gleich, ob es Sie in die ruhigen Wälder, kristallklaren Seen oder schroffen Bergketten zieht, diese Unterkünfte bieten einen einzigartigen und friedlichen Rückzugsort von der Hektik des Alltags. Umgeben von atemberaubenden Landschaften und umweltbewussten Einrichtungen können Sie abschalten, neue Kraft tanken und den wahren Geist des Balkans erleben – wo Nachhaltigkeit auf Gelassenheit trifft.

Airbnb und Kurzzeitmieten

Airbnb und Kurzzeitmieten haben die Art und Weise, wie Menschen reisen, verändert und bieten lokale, individuelle und authentische Erlebnisse als herkömmliche Hotels. Dies gilt insbesondere in Gebieten wie dem Balkan, wo solche Unterkünfte ein einzigartiges und faszinierendes Erlebnis bieten. Wer ein intensiveres Erlebnis sucht, kann in einem Airbnb oder einer Kurzzeitmiete übernachten und so die Möglichkeit haben, wie ein Einheimischer zu leben und gleichzeitig die Geschichte, Kultur und Naturschönheiten des Balkans zu genießen.

Was sind Airbnb und Kurzzeitmieten (STR)?

Airbnb ist ein Online-Marktplatz, der Gäste mit Gastgebern verbindet, die private Zimmer für kurzfristige Aufenthalte bereitstellen. Diese reichen von Wohnungen, Häusern und Villen bis hin zu ungewöhnlichen Immobilien wie Baumhäusern oder Booten. Kurzzeitmieten werden allgemein als alle Mietobjekte definiert, die für weniger als 30 Tage vermietet werden. Plattformen wie Airbnb, Vrbo und Booking.com haben es für Immobilieneigentümer einfacher gemacht, ihre Zimmer zu verkaufen, und bieten Gästen eine persönliche und oft kostengünstigere Alternative zu Hotels.

Warum Airbnb oder Kurzzeitmieten auf dem Balkan nutzen?

Lokale und authentische Erlebnisse: Einer der Hauptgründe, warum Touristen Airbnb oder Kurzzeitmieten nutzen, besteht darin, ein authentisches Erlebnis zu haben. Auf dem Balkan kann dies beispielsweise der Aufenthalt in einer jahrhundertealten Wohnung im Zentrum einer historischen Stadt wie Dubrovnik oder in einer abgelegenen Villa in den montenegrinischen Bergen sein. Diese Unterkünfte spiegeln oft die lokale Kultur wider, mit unverwechselbarem Dekor, hausgemachten Mahlzeiten und intimen Kenntnissen der Region von Gastgebern, die gerne ihre Geschichte und Empfehlungen weitergeben.

Vielfalt an Optionen: Ob Sie ein modernes Apartment mit atemberaubendem Blick auf eine geschäftige Metropole, eine ländliche Hütte inmitten der Natur oder ein klassisches Steinhaus in einer malerischen Stadt bevorzugen, der Balkan bietet eine große Auswahl an Airbnb- und Kurzzeitmiete Objekten. Jeder Ort, von den Küstenstädten Kroatiens bis zu den sanften Hügeln Serbiens, bietet eine Vielzahl von Unterkünften für alle Arten von Gästen, vom Alleinreisenden bis zur großen Familie.

Kostengünstig für Gruppen oder längere Aufenthalte: Airbnb und Kurzzeitmieten könnten für gemeinsam reisende Familien oder Gruppen eine günstigere Wahl sein. Die Buchung einer kompletten Wohnung oder eines Hauses kostet pro Person häufig weniger als der Aufenthalt in vielen Hotelzimmern. Darüber hinaus eignen sich diese Mietobjekte perfekt für längere Aufenthalte, da sie mehr Flexibilität und Annehmlichkeiten wie Küchenwäsche, Möglichkeiten und große Wohnzimmer bieten, sodass Sie sich leichter einleben und ein heimeliges Ambiente genießen können.

Privatsphäre und Flexibilität: Viele Touristen schätzen die Privatsphäre, die Airbnb und Kurzzeitmieten bieten. Im Gegensatz zu Hotels, in denen Sie möglicherweise von anderen Besuchern umgeben sind, können Sie bei diesen Privatvermietungen in die örtliche Umgebung eintauchen, ohne den ständigen Kontakt, der mit dem Aufenthalt dort einhergeht. Sie können Ihre eigenen Mahlzeiten zubereiten, Ihren eigenen Zeitplan festlegen und wirklich wie ein Einheimischer leben, egal ob Sie morgens die Märkte in der Nachbarschaft besuchen oder abends in Ihrem eigenen Innenhof entspannen.

Einzigartige Immobilien: Auf dem Balkan bieten Airbnb und Kurzzeitmieten eine Vielzahl einzigartiger Immobilien, die Sie in traditionellen Hotels möglicherweise nicht finden. Übernachten Sie in einem ehemaligen Kloster in Albanien, in einer modernen Wohnung, in einem historischen Gebäude in Sarajevo oder auf einem Hausboot, das am Ufer des Ohrid-Sees vor Anker liegt. Diese einzigartigen

Urheberrechtlich geschützte Materialien

Veranstaltungsorte verleihen Ihren Reisen eine besondere Note und ermöglichen es Ihnen, tiefer in die Kultur und Landschaft der Region einzutauchen. Beliebte Airbnb- und Kurzzeitmiete Ziele auf dem Balkan
Kroatien: Städte wie Dubrovnik, Split und Zadar sind beliebte Reiseziele für Airbnb-Aufenthalte. Besucher können in schönen Steingebäuden in fußläufiger Entfernung zur Altstadt oder in modernen Wohnungen mit Blick auf die Adria übernachten. Auf den herrlichen Inseln des Landes, darunter Hvar und Brač, gibt es mehrere Immobilien zur Miete.
Belgrad, bekannt für sein aktives Nachtleben und seine historischen Denkmäler, bietet eine Mischung aus stilvollen Wohnungen und klassischen Residenzen in Gegenden wie Dorćol und Vračar. Außerhalb der Hauptstadt ist die schöne Stadt Novi Sad eine beliebte Wahl für Kurzzeitmieten, insbesondere während des EXIT-Festivals.
Montenegro: Für Touristen, die Ruhe und Frieden suchen, bieten Montenegros Küstenorte wie Kotor und Budva eine vielfältige Auswahl an Ferienhäusern, von kleinen Wohnungen am Meer bis hin zu luxuriösen Villen mit privaten Pools. Das bergige Landesinnere, einschließlich des Durmitor-Nationalparks, bietet eine Vielzahl schöner Lodges und Häuser für Naturliebhaber.

Bosnien und Herzegowina: Sarajevo bietet mit seiner osmanisch beeinflussten Architektur und dem pulsierenden Straßenleben eine Vielzahl von Airbnb-Optionen, von Apartments im Herzen der Stadt bis hin zu Häusern in den umliegenden Hügeln. Mostar, bekannt für seine Wahrzeichen-Brücke Stari Most, verfügt über mehrere schöne Apartments mit herrlicher Aussicht.

Albanien ist bekannt für seine rauen Landschaften und unberührten Strände und verfügt über eine wachsende Zahl von Kurzzeitmieten, insbesondere in Städten wie Tirana und der Küstenstadt Durrës. Hier finden Sie eine Mischung aus modernen Apartments und traditionellen Häusern, die einen einzigartigen Einblick in die Kultur und Lebensweise des Landes bieten.

Die Vorteile eines Aufenthaltes in einem Airbnb oder einer Kurzzeitmiete

Flexibilität bei Reiseplänen: Im Vergleich zu regulären Hotels, für die möglicherweise strengere Vorschriften gelten, bieten Kurzzeitmieten mehr Flexibilität in Bezug auf Check-in-/Check-out-Zeiten und Buchungsdaten.

Zugang zu lokalem Wissen: Gastgeber geben oft personalisierte Empfehlungen für lokale Sehenswürdigkeiten, Restaurants und versteckte Schätze, die Touristen möglicherweise nicht in Reiseführern finden.

Komfort und Bequemlichkeit: Viele Airbnb-Unterkünfte sind mit Annehmlichkeiten ausgestattet, die Ihren Aufenthalt komfortabler machen, wie zum Beispiel voll ausgestattete Küchen, Waschmaschinen und sogar Außenbereiche zum Entspannen.
Ein Gefühl der Zugehörigkeit: Der Aufenthalt in einer Wohngegend statt in einer touristischen Hotelgegend gibt Ihnen ein Gefühl der Zugehörigkeit und die Möglichkeit, ein Reiseziel aus der Perspektive eines Einheimischen zu sehen. Sie erleben den Alltag, vom Gang in den Laden bis zum Gespräch mit den Nachbarn.

Abschluss
Airbnb und Kurzzeitmieten auf dem Balkan bieten Reisenden eine wunderbare Gelegenheit, die Region auf authentische und intensive Weise zu erleben.

Entspannen Sie sich und tanken Sie neue Energie in Resorts und Wellnesszentren auf dem Balkan

Der Balkan ist eine Region, die für ihre atemberaubenden Landschaften, ihr reiches kulturelles Erbe und ihren wachsenden Ruf als Zentrum der Entspannung und Erholung bekannt ist. Eingebettet zwischen Bergen, üppigen Wäldern und atemberaubenden Küsten sind die Resorts und Wellnesszentren auf dem Balkan ideale Reiseziele für alle, die eine Mischung aus Luxus, Ruhe und erstklassigen Dienstleistungen suchen.

Luxus Unterkünfte und All-Inclusive-Services

Die Resorts und Wellnesszentren auf dem Balkan decken ein breites Spektrum an Geschmäckern und Vorlieben ab. Von Fünf-Sterne-Hotels an der Adriaküste bis hin zu abgelegenen Rückzugsorten im Herzen der unberührten Berge der Region legen diese Einrichtungen Wert auf Komfort und Bequemlichkeit. Die meisten Resorts bieten All-Inclusive-Packages an, die es den Gästen ermöglichen, Gourmetgerichte, erstklassige Getränke und ausgewählte Aktivitäten ohne zusätzliche Planung zu genießen. Die Liebe zum Detail und das Engagement des Personals für die Gastfreundschaft sorgen für ein unvergleichliches Erlebnis, bei dem sich jeder Besucher verwöhnt fühlt.

Erstklassige Spa-Behandlungen

Wellness steht in vielen Resorts auf dem Balkan im Mittelpunkt. Die hochmodernen Spas bieten eine Vielzahl an Behandlungen zur Verjüngung von Körper und Geist. Besucher können sich verwöhnen lassen mit:

Therapeutische Massagen: Erfahrene Therapeuten wenden Techniken an, die von schwedischen und Tiefengewebsmassagen bis hin zu traditionellen

Balkan-Methoden reichen, um sicherzustellen, dass sich die Gäste erfrischt fühlen.

Hydrotherapie: Viele Resorts verfügen über heiße Quellen, Thermalbäder und Whirlpools und nutzen das natürliche mineralreiche Wasser der Region, um die Entspannung zu fördern und die Gesundheit zu verbessern.

Gesichts- und Hautbehandlungen: Von Bio-Schlammmasken bis hin zu Anti-Aging-Therapien nutzen diese Behandlungen lokale, natürliche Inhaltsstoffe, um die Haut zu nähren und zu revitalisieren.

Aktivitäten zur Entspannung und Erholung

Über die Spa-Behandlungen hinaus bieten die Balkan-Resorts eine Reihe von Aktivitäten an, die Entspannung und Wohlbefinden fördern sollen. Gäste können Yoga-Sitzungen mit atemberaubender Aussicht, Pilates-Kurse oder geführte Meditation in ruhiger Umgebung genießen. Für diejenigen, die aktiv bleiben möchten, stehen Wanderwege, Fitnesscenter und Wassersport zur Verfügung. Auch das Faulenzen am Pool, das Nippen eines erfrischenden Cocktails oder ein Spaziergang durch wunderschön angelegte Gärten sind beliebte Möglichkeiten zum Entspannen.

Traditionelle und moderne Wellness-Praktiken

Der Balkan verbindet traditionelle Wellness-Praktiken mit modernen Innovationen.

Urheberrechtlich geschützte Materialien

Viele Wellnesszentren lassen sich von jahrhundertealten Bräuchen inspirieren und integrieren pflanzliche Heilmittel, Saunarituale und ganzheitliche Gesundheit Ansätze. Ergänzt werden diese durch hochmoderne Einrichtungen, die Kryotherapie, Floating-Tanks und andere fortschrittliche Behandlungen anbieten.

Unvergessliche Landschaft und kultureller Charme
Einer der einzigartigen Aspekte des Besuchs eines Resorts oder Wellness Centers auf dem Balkan ist die Möglichkeit, in die atemberaubende Landschaft und die reiche Kultur der Region einzutauchen. Egal, ob Sie sich für ein Resort an der glitzernden Küste Kroatiens, einen ruhigen Rückzugsort in den slowenischen Alpen oder eine Wellnessoase in Serbien entscheiden, Sie werden von natürlicher Schönheit umgeben sein. Viele Resorts bieten auch kulturelle Ausflüge an, sodass Gäste nahegelegene historische Stätten, lokale Küche und lebendige Traditionen erkunden können.

Perfekt für jeden Anlass
Ganz gleich, ob Sie einen romantischen Kurzurlaub, einen Solo-Urlaub oder einen Familienurlaub planen, Resorts und Wellnesszentren auf dem Balkan bieten für jeden Anlass das Richtige. Ihre ruhige Umgebung und die maßgeschneiderten Dienstleistungen machen sie zur idealen Wahl für alle, die besondere

Meilensteine feiern oder einfach dem Stress des Alltags entfliehen möchten.

Abschluss

Die Resorts und Wellnesszentren auf dem Balkan bieten eine perfekte Mischung aus Luxus, Entspannung und natürlicher Schönheit. Mit ihren All-Inclusive-Services und luxuriösen Annehmlichkeiten.

KAPITEL VIER

Transport auf dem Balkan: Fordert einen Reiseführer auf

Überblick über den Verkehr auf dem Balkan
Der Balkan, ein Gebiet mit einer reichen kulturellen Vergangenheit und einer herrlichen Landschaft, hat in den letzten Jahren seine Verkehrsinfrastruktur erheblich verbessert. Dieses wachsende Netzwerk hat es für lokale und internationale Passagiere besser zugänglich gemacht. Der Transport auf dem Balkan verbindet große Städte, kleinere Städte und ländliche Regionen und verbindet modernen Komfort mit rustikaler Schönheit.

Egal, ob Sie einen Stadtbummel, eine Erkundung charmanter Städte oder eine Wanderung in die wilde Natur planen, Sie werden eine Auswahl an Transportalternativen entdecken, die Ihren Vorlieben entsprechen. Für Personen, die gerne auf eigene Faust reisen, verfügt die Gegend über ein großes Busnetz, ein wachsendes Schienennetz, lokale und internationale Flüge sowie die Flexibilität von Mietwagen. Jede Transportart bietet eine eigene Möglichkeit, den Balkan zu erkunden, sodass Besucher sich problemlos fortbewegen und gleichzeitig die reiche Topographie und Kultur der Region genießen können.

Busse, das Rückgrat des Balkan-Reisens.
Busse sind das beliebteste und zuverlässigste Transportmittel auf dem Balkan. Sie verbinden fast jeden Teil der Region, von blühenden Städten wie Belgrad und Sarajevo bis hin zu einsamen Berggemeinden in Albanien und Montenegro. Das Busnetz ist umfangreich und bietet regelmäßige Fahrpläne, günstige Fahrpreise und eine Reihe von Komfortniveaus, von einfachen Nahverkehrsdiensten bis hin zu opulenten Fernbussen. Busreisen sind eine großartige Option für preisbewusste Touristen, da wichtige Städte wie Sofia, Skopje und Tirana gut angebunden sind.

Züge: Malerische und nostalgische Reisen.
Das Schienennetz auf dem Balkan ist zwar nicht so umfangreich wie das Busnetz, bietet aber ein nostalgisches und malerisches Reiseerlebnis. Bahnstrecken führen oft durch atemberaubende Landschaften wie die Dinarischen Alpen und die Adriaküste. Länder wie Serbien und Nordmazedonien unterhalten grenzüberschreitende Bahnverbindungen, während inländische Strecken in Bulgarien und Rumänien für ihre malerischen Landschaften bekannt sind. Zugreisen sind langsamer und seltener als Busreisen, aber ideal für

Personen, die schöne Strecken und ein entspanntes Tempo mögen.

Flüge: Effizienter Transport zwischen Großstädten

Für diejenigen, die einen engen Zeitplan haben, sind Flüge zwischen den großen Balkanstädten eine schnelle und praktische Option. Flughäfen in Zagreb, Ljubljana und Belgrad dienen als wichtige internationale Gateways, während kleinere Flughäfen in Dubrovnik, Podgorica und Skopje Inlandsreisen und Verbindungen zwischen dem Balkan erleichtern. Billigflieger haben auch innerregionale Flüge wirtschaftlicher gemacht, sodass Passagiere große Entfernungen in wenigen Stunden zurücklegen können.

Mietwagen bieten Flexibilität und Freiheit.

Für diejenigen, die die größte Freiheit wünschen, ist die Anmietung eines Fahrzeugs eine fantastische Alternative. Das sich entwickelnde Autobahn- und Straßennetz auf dem Balkan macht autonomes Fahren leichter zugänglich. Dieses Transportmittel eignet sich hervorragend für den Besuch abgelegener Orte wie der felsigen Pracht des Tara River Canyon oder der abgelegenen Klöster von Meteora. Autofahrer sollten auf unterschiedliche Straßenbedingungen vorbereitet sein, insbesondere in ländlichen oder hügeligen Gegenden. Grenzübertritte mit Mietwagen sind in der Regel einfach, allerdings können je nach Mietvertrag zusätzliche Unterlagen erforderlich sein.

Wichtige Überlegungen

Erschwinglichkeit: Busse und Bahnen sind kostengünstige Transportmittel wie Flüge und Mietwagen.

Zeiteffizienz: Flüge sparen auf großen Distanzen Zeit, aber Busse und Bahnen eignen sich besser für kurze bis mittlere Strecken.

Komfort: Luxusbusse und modernisierte Züge bieten mehr Komfort, während lokale Busse und ältere Züge eher einfach sein können.

Erkundung: Mit Mietwagen können Sie abgelegene Orte erkunden, die mit öffentlichen Verkehrsmitteln möglicherweise nicht erreichbar sind.

Die Transportmöglichkeiten auf dem Balkan sprechen alle Arten von Touristen an, egal ob Sie ein preisbewusster Rucksacktourist, eine Familie im Urlaub oder ein Paar auf der Suche nach einem romantischen Kurzurlaub sind. Mit seiner sich entwickelnden Infrastruktur und den vielfältigen Angeboten bietet die Gegend sowohl Komfort als auch Spannung und sorgt so für ein bemerkenswertes Erlebnis.

Mit dem Zug durch die Region navigieren

Der Balkan bietet eine einzigartige Gelegenheit, mit der Bahn durch atemberaubende Landschaften und antike Städte zu reisen. Auch wenn die Zugnetze der Region möglicherweise nicht so breit und modern sind wie die in Westeuropa, bieten sie dennoch eine kostengünstige und malerische Verbindung zwischen Serbien, Montenegro, Kroatien und Nordmazedonien.

Die wichtigsten Bahnstrecken des Balkans

Linie Belgrad-Bar (Serbien nach Montenegro).

Die Belgrad-Bar-Eisenbahn ist eine der bekanntesten Eisenbahnstrecken auf dem Balkan und gilt als Wunderwerk der Ingenieurskunst.

Landschaftliche Höhepunkte: Diese Straße führt durch über 250 Tunnel und 400 Brücken und bietet atemberaubende Ausblicke auf die Alpenlandschaft, Flüsse und den Skutarisee.

Komfort und Erschwinglichkeit: Die Züge auf dieser Strecke bieten Sitzplätze und Schlafplätze der Standardklasse, sodass sie für Nachtreisen geeignet sind. Die Preise sind angemessen, es gibt auch erstklassige Tickets.

Dauer: Die Fahrt dauert etwa 11 bis 12 Stunden, sodass Sie genügend Zeit haben, die Pracht der Region zu genießen.

Zagreb nach Belgrad (Kroatien nach Serbien).

Diese Straße verbindet zwei dynamische Hauptstädte. Die Strecke ist zwar weniger malerisch als die Strecke Belgrad-Bar, bietet aber eine schnelle und effiziente Verbindung zwischen Kroatien und Serbien.

Züge sind recht komfortabel und die Fahrkarten sind preisgünstig; Dennoch wird in der Hochsaison eine frühere Buchung empfohlen.

Skopje nach Thessaloniki (Nord Mazedonien nach Griechenland).

Diese Eisenbahn verbindet Nordmazedonien mit Griechenland und führt durch üppige Täler und malerische Landschaften.

Es ist eine gute Wahl für diejenigen, die ans Mittelmeer reisen oder die geschäftige Stadt Norden Mazedoniens besichtigen möchten.

Andere bemerkenswerte Routen:

Sarajevo nach Mostar: Diese innerspanische Route verbindet zwar keine Nationen, ist aber für ihre atemberaubenden Ausblicke auf den Fluss Neretva und die umliegenden Berge bekannt.

Belgrad nach Sofia (Serbien nach Bulgarien) Eine langsamere, aber malerische Route, die zwei historische Städte verbindet.

Vorteile von Zugreisen: Malerische Ausblicke: Bahngleise auf dem Balkan führen manchmal durch ländliche Regionen und bieten atemberaubende Ausblicke, die mit dem Auto oder Bus nicht möglich sind.

Erschwinglichkeit: Im Allgemeinen sind Bahnreisen günstiger als Mietwagen oder Flüge.

Entspannte Atmosphäre: Im Gegensatz zu Bussen haben Züge mehr Bewegungsspielraum und Nachtzüge bieten Schlaf Alternativen für längere Strecken.

Tipps für Bahnreisen auf dem Balkan

Buchen Sie im Voraus. Während Tickets oft am Bahnhof erhältlich sind, empfiehlt es sich, für Übernachtungsfahrten Schlafplätze im Voraus zu kaufen.

Seien Sie auf Verspätungen vorbereitet: Die Fahrpläne der Züge können unvorhersehbar sein. Planen Sie daher zusätzliche Zeit für Ihre Reise ein.

Bringen Sie Snacks mit: Die Auswahl an Speisen in Balkanzügen ist begrenzt, daher ist es eine kluge Idee, Ihre eigenen Mahlzeiten mitzunehmen.

Busreisen: Das Rückgrat des Balkan-Transports.

Für viele Besucher sind Busse das zuverlässigste und umfassendste Transportmittel auf dem Balkan. Das Busnetz dieser Region ist umfangreich und verbindet große Städte sowie entfernte Gemeinden, die weder per Bahn noch per Flugzeug erreicht werden können.

Warum Busreisen wählen?

Umfangreiche Abdeckung

Busse verbinden jede Region des Balkans, sogar abgelegene Orte mit wenigen Transportmöglichkeiten. Dadurch eignen sie sich hervorragend für den Besuch abgelegener Orte.
Erschwinglichkeit:
Busreisen sind günstig, da die Fahrkarten oft günstiger sind als die Bahnkosten. Die große Zahl an Busunternehmen sorgt zudem für wettbewerbsfähige Preise.
Frequenz:
Es gibt häufige Verbindungen, insbesondere zwischen Großstädten wie Belgrad, Zagreb und Sarajevo. Selbst in kleineren Gemeinden verkehren in der Regel täglich viele Busse.
Bequemlichkeit: Busse sind auf bestimmten Strecken manchmal schneller als Züge, da die Straßenverhältnisse besser sind und es weniger Haltestellen gibt.
Beliebte Buslinien auf dem Balkan
Belgrad nach Sarajevo (Serbien nach Bosnien und Herzegowina).
Diese malerische Route verläuft über hügelige Hügel und Täler und wird regelmäßig von verschiedenen Anbietern bedient.

Zagreb nach Split, Kroatien.
Diese Route ist ideal für Touristen, die an die dalmatinische Küste reisen, da Busse eine angenehme und direkte Verbindung bieten.
Skopje nach Pristina (Nord Mazedonien nach Kosovo).
Dieser schnelle und kostengünstige Weg ist bei Besuchern dieser beiden Hauptstädte beliebt.
Tirana nach Kotor (Albanien nach Montenegro).
Diese Route führt durch die Adria und bietet atemberaubende Ausblicke auf die Küste und die Berge.
Tipps für Busreisen auf dem Balkan: Finden Sie zuverlässige Anbieter:
Schauen Sie sich vertrauenswürdige Unternehmen wie Flix Bus (für internationale Strecken), Lasta (Serbien) und die Globtour (Kroatien) an. Das Lesen von Internetbewertungen kann Ihnen dabei helfen, die vertrauenswürdigsten Anbieter auszuwählen.
Tickets können an Busterminals, online oder über mobile Anwendungen gekauft werden. Es wird empfohlen, auf beliebten Strecken im Voraus zu reservieren.
Reisekomfort: Überprüfen Sie vor der Buchung einer Busfahrt die Ausstattung wie Klimaanlage, WLAN und bequeme Sitze.

Kleinere Betriebe akzeptieren möglicherweise keine Kartenzahlungen, daher ist es wichtig, Bargeld in der Landeswährung mitzubringen.

Ankunftszeiten: Balkanbusse verkehren zur „Balkanzeit", daher sind die Fahrpläne möglicherweise nicht genau. Es ist am besten, früh zu kommen und unerwartete Verzögerungen einzuplanen.

Autofahren auf dem Balkan: Ein Auto mieten

Was Erstreisende wissen sollten: Führerscheine

Internationaler Führerschein (IDP): Reisende von außerhalb der EU benötigen zusätzlich zu ihrem lokalen Führerschein einen IDP. Die meisten Balkanländer benötigen es, und Vermietungsagenturen können es verlangen.

EU-Lizenzen: Wenn Sie eine Lizenz aus einem EU-Land haben, benötigen Sie oft keinen IDP.

Anforderungen an die Autovermietung:

Altersbeschränkungen: Bei den meisten Autovermietungen müssen die Fahrer mindestens 21 Jahre alt sein, andere verlangen 1–3 Jahre Fahrerfahrung. Wenn Sie unter 25 Jahre alt sind, müssen Sie möglicherweise die Kosten für junge Fahrer bezahlen.

Versicherung: Stellen Sie sicher, dass Ihre Anmietung über eine Grundversicherung

104

(Haftpflichtversicherung) verfügt. Erkundigen Sie sich nach zusätzlichem Versicherungsschutz für Diebstahl, Beschädigung und Windschutzscheibenschutz.

Straßenverhältnisse

Die Straßen auf dem Balkan reichen von gut ausgebauten Autobahnen bis hin zu kleinen, kurvenreichen Bergstrecken. An einigen abgelegenen Orten gibt es möglicherweise unbefestigte oder schlecht gewartete Straßen.

Fahren Sie vorsichtig, insbesondere in hügeligem Gelände, und achten Sie auf mögliche Gefahren wie Tiere oder abrupte Kurven.

In Kroatien, Serbien und Nordmazedonien gibt es mautpflichtige Straßen. Halten Sie daher Bargeld oder eine Kreditkarte bereit.

Parken

Das Parken in Großstädten kann schwierig sein. Suchen Sie nach ausgewiesenen Parkzonen mit Beschilderung und seien Sie zahlungsbereit.

Nutzen Sie zum Parken über Nacht Tiefgaragen oder bewachte Parkplätze; das Parken auf der Straße ist nicht immer sicher.

Grenzübertritte mit dem Auto

Dokumentation: Bringen Sie Ihren Reisepass, Ihren Mietwagenvertrag und einen Versicherungsnachweis (Green Card) mit. Die Green Card ist für den Grenzübertritt auf dem Balkan erforderlich und bietet Versicherungsschutz in angrenzenden Ländern.

Zoll: Grenzkontrollen können eine Weile dauern. Planen Sie daher zusätzliche Stunden für Ihre Reise ein, insbesondere im Sommer oder in der Ferienzeit.

Gebühren: In einigen Ländern, darunter Kosovo, müssen Sie möglicherweise eine zusätzliche Grenzversicherung bezahlen.

Zusätzliche Tipps:

Prüfen Sie, ob Ihre Autovermietung grenzüberschreitende Reisen zulässt und welche Länder von der Versicherung abgedeckt sind.

Für die Navigation auf kleineren Straßen sind GPS-Geräte oder mobile Navigationsprogramme wie Google Maps oder Waze erforderlich.

Flüge: Verbinden Sie Großstädte mit Regional- und Billigfluglinien.

Regional- und Billigfluggesellschaften wie Wizzair, Ryanair und Croatia Airlines verbinden große Städte auf dem Balkan, darunter Belgrad, Zagreb, Ljubljana und Sarajevo.

Flüge sind oft günstig, insbesondere wenn sie im Voraus gebucht werden.

Vorteile des Fliegens

Zeiteffizienz: Flüge eignen sich gut für Touristen, die nur wenig Zeit haben und weite Strecken zurücklegen müssen, beispielsweise von Slowenien nach Griechenland oder Kroatien und Serbien.

Bequemlichkeit: Viele Fluggesellschaften fliegen direkt zwischen Großstädten, sodass keine langen Bus- oder Bahnausflüge erforderlich sind.

Mögliche Kosten und Flughafenstandorte

Billigflieger erheben Gebühren für Extras wie Gepäck und Sitzplatzauswahl. Um unerwartete Ausgaben zu minimieren, lesen Sie das Kleingedruckte.

Billigflughäfen wie der Flughafen Franjo Tuđman in Zagreb oder der Flughafen Alexander der Große in Skopje liegen möglicherweise weiter vom Stadtkern entfernt, was zu höheren Transportkosten führt.

Zu den Wassertransportmöglichkeiten gehören Fähren und Boote zur Erkundung der Küste.

Fähren und Boote eignen sich ideal für Touren durch Küstenländer wie Kroatien, Montenegro und Albanien. Sie bieten eine schöne und angenehme Möglichkeit, zwischen Inseln oder entlang der Küste zu reisen.

Inselhüpfen

Die dalmatinische Küste Kroatiens ist für ihre Fährlinien bekannt, die Städte wie Split, Dubrovnik und Zadar mit Inseln wie Hvar, Korčula und Brač verbinden. Betreiber wie Jadrolinija und Krilo bieten regelmäßige Verbindungen an.

Montenegro und Albanien verfügen über kleinere Fährverbindungen, die Städte wie Kotor und Bar verbinden, sowie internationale Verbindungen nach Italien.

Tickets und Fahrpläne

Tickets können häufig online oder am Hafen gekauft werden. In der touristischen Hauptsaison empfiehlt es sich, vor allem auf beliebten Strecken rechtzeitig zu reservieren.

Die Fahrpläne der Fähren ändern sich saisonal, mit häufigeren Überfahrten im Sommer. Der Zeitplan außerhalb der Saison kann eingeschränkt sein. Planen Sie daher entsprechend.

Tipps für Reisende

Kommen Sie früh an, insbesondere wenn Sie mit dem Auto anreisen, da das Einsteigen möglicherweise konkurrenzfähig ist.

Überprüfen Sie die Gepäckbeschränkungen für kleinere Boote und Fähren, da die Kapazität möglicherweise begrenzt ist.

Ganz gleich, ob Sie ein Fahrzeug mieten, um abgelegene Dörfer zu erkunden, zwischen Kulturstätten hin- und herfliegen oder eine Kreuzfahrt entlang der Adriaküste unternehmen – der Balkan bietet eine Vielzahl faszinierender Reisemöglichkeiten.

KAPITEL FÜNF

Die wichtigsten Sehenswürdigkeiten und historischen Stätten des Balkans

Der Balkan, ein faszinierender Teppich aus Kulturen, Geschichte und Landschaften, ist eine Schatzgrube an Erlebnissen, die darauf wartet, entdeckt zu werden. Dieses an der Schnittstelle zwischen Europa und Asien gelegene Gebiet ist seit Jahrtausenden ein Schmelztiegel der Zivilisationen und hat zu einem reichen Erbe an Vermächtnissen geführt, das sowohl vielfältig als auch unverwechselbar ist. Von antiken Ruinen und mittelalterlichen Festungen bis hin zu geschäftigen Städten und ruhigen Naturschönheiten bietet der Balkan eine erstaunliche Reise durch Zeit und Raum.

In diesem Kapitel können Sie das Wesen des Balkans entdecken, indem Sie seine wichtigsten Sehenswürdigkeiten und historischen Denkmäler besuchen. Egal, ob Sie ein Geschichtsinteressierter, ein Kulturinteressierter oder ein Abenteurer sind, die Gegend hat für jeden etwas zu bieten. Die Denkmäler und Landschaften dieser Gegend erwecken die Geschichte antiker Zivilisationen, starker Menschen und kreativer Hinterlassenschaften zum Leben.

Der Balkan hat einen unvergleichlichen historischen Wert. Das römische und das byzantinische Reich blühten hier und hinterließen spektakuläre Amphitheater, Aquädukte und Mosaike als ihr Erbe. Länder wie Serbien, Bulgarien und Nordmazedonien verfügen über gut erhaltene mittelalterliche Klöster, während die lebhaften Basare von Sarajevo und die Moscheen von Skopje vom osmanischen Erbe zeugen. Unterdessen enthüllen Griechenland und Albanien historische Meisterwerke wie den Parthenon in Athen und die archäologische Stätte Butrint, die zum UNESCO-Weltkulturerbe gehört.

Die Attraktivität des Balkans beruht auf seinem kulturellen Reichtum. Jede Stadt und jedes Dorf hat eine einzigartige Geschichte zu erzählen, mit Traditionen und Bräuchen, die slawische, osmanische, griechische und römische Einflüsse vereinen. Städte wie Dubrovnik mit seiner charakteristischen, von antiken Mauern umgebenen Altstadt und Belgrad, wo Moderne auf Geschichte trifft, bieten Einblicke in die dynamische Natur der Region.

Naturliebhaber finden auf dem Balkan ihre Nirvana. Die dramatischen Fjorde von Kotor in Montenegro, die kristallklaren Seen von Plitvicer Seen in Kroatien und die hohen Gipfel der Dinarischen Alpen sind ideal für Besucher, die eine spektakuläre Landschaft suchen. Die Küste der Region entlang der Adria und des Ionischen Meeres ist übersät mit wunderschönen Stränden, hübschen Inseln und malerischen Städten wie Split und Ohrid, was sie zu einem idealen Reiseziel für Erholung und Abenteuer macht.

Bereiten Sie sich beim Öffnen der Seiten dieses Kapitels auf eine Tour zu den bekanntesten Orten des Balkans vor. Von den geheimnisvollen Klöstern von Meteora in Griechenland bis zu den malerischen Gassen von Mostar in Bosnien und Herzegowina beleuchtet dieses Buch die sehenswerten Reiseziele, die den Reiz dieser Gegend ausmachen. Der Balkan bietet unvergessliche Erlebnisse, egal ob Sie lokale Spezialitäten in einer traditionellen Taverne genießen, durch jahrhundertealte Dörfer schlendern oder architektonische Schätze aus der Vergangenheit bestaunen.

Ein Führer zu den wichtigsten historischen Denkmälern und Museen des Balkans.

Der Balkan ist reich an Geschichte, mit einer breiten Palette an historischen Stätten und Museen, die das ausgeprägte kulturelle Erbe der Region widerspiegeln. Von den antiken Ruinen Athens bis zu den mittelalterlichen Mauern von Dubrovnik untersucht dieses Buch die besten Denkmäler des Balkans und betont ihren kulturellen und historischen Wert sowie praktische Reisevorschläge.

1. Altstadt von Dubrovnik (Kroatien) Bedeutung: Dubrovnik, bekannt als „Perle der Adria", gehört zum UNESCO-Weltkulturerbe und ist für seine gut erhaltene mittelalterliche Architektur bekannt. Die von riesigen Steinmauern umgebene Altstadt bietet eine unglaubliche Zeitreise. Besucher können die Kopfsteinpflasterstraßen, die gotische und Renaissance-Architektur sowie die stattlichen Kirchen der Stadt erkunden, darunter die berühmte St. Blasius-Kirche und der Rektorenpalast.

Praktische Tipps:
Standort: Dubrovnik, Kroatien, an der Adria.
Öffnungszeiten: Die Altstadt ist ganzjährig geöffnet, mit Zugang zur Stadtmauer von 8:00 bis 19:00 Uhr. (saisonale Öffnungszeiten können variieren).
Beste Reisemonate: April bis Juni und September bis Oktober für schönes Wetter und weniger Touristen.
Warum besuchen: Die Altstadt von Dubrovnik bietet einen einzigartigen Einblick in die Geschichte der Region, einschließlich ihrer Stellung als große Handelsrepublik und ihres Überlebens trotz Konflikten. Besucher können auch um die Stadtmauern herumschlendern und den Panoramablick auf die Adria und die Stadt genießen.
2. Akropolis von Athen, Griechenland.
Die Akropolis ist ein weltweit anerkanntes und bedeutendes antikes Wahrzeichen. Diese antike

Festung befindet sich im Zentrum von Athen und beherbergt den Parthenon, einen Tempel, der der Göttin Athene gewidmet ist, sowie den Tempel der Athene Nike und das Erechtheion. Die Akropolis ist der Höhepunkt der antiken griechischen Kultur und bietet unschätzbare Einblicke in die Geschichte der Demokratie, Philosophie und Kunst.

Praktische Tipps:

Athen, Griechenland, auf einem Berggipfel mit Blick auf die Stadt.

Die Öffnungszeiten sind in der Regel von 8:00 bis 20:00 Uhr, sie können sich jedoch je nach Saison ändern. Suchen Sie während Ihres Aufenthalts nach Updates.

Die beste Reisezeit ist der frühe Morgen oder der späte Nachmittag, um der extremen Tages Hitze und den Menschenmassen, insbesondere im Sommer, zu entfliehen.

Die Akropolis ist ein Muss für Geschichts- und Archäologie Interessierte. Insbesondere der Parthenon ist ein architektonisches Wunder, das die kulturellen und intellektuellen Triumphe des antiken Athens widerspiegelt.

3. Die historischen Moscheen von Sarajevo, Bosnien und Herzegowina.

Bedeutung:

Sarajevo, bekannt als das „Jerusalem Europas", ist eine Stadt, in der viele Kulturen und

Glaubensrichtungen zusammenleben. Die Stadt verfügt über zahlreiche bedeutende historische Moscheen, insbesondere die Gazi-Husrev-Beg-Moschee, die im 16. Jahrhundert errichtet wurde. Diese Moscheen zeigen das osmanische Erbe der Stadt und ihre Bedeutung in der islamischen Welt während der Herrschaft des Reiches. Der Alte Basar (Baščaršija) von Sarajevo bewahrt die Architektur aus der osmanischen Zeit und ist somit ein faszinierender Ort für einen Besuch.

Praktische Tipps:

Sarajevo ist die Hauptstadt von Bosnien und Herzegowina.

Normalerweise sind Moscheen von Sonnenaufgang bis Einbruch der Dunkelheit geöffnet. Beachten Sie die Gebetszeiten und die kulturelle Bedeutung des Besuchs von Gotteshäusern.

Die besten Reisezeiten sind Frühling und Herbst, wenn die Temperaturen warm sind und es weniger Besucher gibt.

Besuchen Sie Sarajevo, um anhand seiner Moscheen mehr über die Geschichte des Osmanischen Reiches und die vielfältigen religiösen und kulturellen Traditionen der Stadt zu erfahren. Das historische Ambiente von Baščaršija lockt Besucher mit traditionellem Kunsthandwerk, Küche und einem Einblick in die lebendige Vergangenheit Sarajevos.

4. Museum Jugoslawiens, Belgrad, Serbien.

Das Jugoslawien-Museum zeigt die Geschichte und Kultur des ehemaligen Jugoslawiens, das von 1918 bis zu seinem Zusammenbruch in den 1990er Jahren existierte. Das Museum zeigt bedeutende Ausstellungen zum Leben des langjährigen Führers des Landes, Josip Broz Tito, sowie zu den vielfältigen kulturellen, politischen und sozialen Entwicklungen, die sich auf die Region ausgewirkt haben.

Praktische Tipps:

Standort: Belgrad, Serbien, Raum Dedinje.

Die Öffnungszeiten sind in der Regel dienstags bis sonntags von 10:00 bis 18:00 Uhr.

Aufgrund des schönen Wetters und der geringeren Menschenmassen sind Frühling und Herbst die besten Reisezeiten.

Das Museum bietet einen detaillierten Einblick in die komplizierte Geschichte Jugoslawiens, einschließlich seines kommunistischen Regimes und seiner schließlichen Auflösung. Es ist eine wichtige Station, um die politischen und kulturellen Veränderungen der Region im 20. Jahrhundert zu verstehen.

5. Das War Childhood Museum in Sarajevo, Bosnien und Herzegowina.

Bedeutung: Dieses Museum zeigt den Bosnienkrieg aus der Perspektive der Kinder, die ihn gesehen haben. Durch persönliche Erzählungen, Bilder und Kriegsfakte erwerben Besucher ein umfassendes Wissen über die Auswirkungen des Konflikts auf das

Leben junger Menschen. Das Museum dient als eindrucksvolle Erinnerung an die menschlichen Opfer des Krieges und an die Beharrlichkeit der Betroffenen.

Praktische Tipps:

Standort: Sarajevo, Bosnien und Herzegowina, Stadtzentrum.

Täglich von 10:00 bis 18:00 Uhr geöffnet.

Beste Reisezeit: Das ganze Jahr über, aber besonders ergreifend ist der Jahrestag des Beginns des Bosnienkrieges (6. April).

Warum besuchen:

Das War Childhood Museum bietet einen bewegenden, persönlichen Einblick in die Verwüstung des Krieges und die Widerstandsfähigkeit von Kindern in Konfliktgebieten. Es ist ein emotionales Ereignis, das einem die menschlichen Kosten des Krieges bewusst macht.

6. Der Diokletianpalast (Split, Kroatien)

Der im 4. Jahrhundert n. Chr. erbaute Diokletianpalast in Split ist eine der spektakulärsten römischen Stätten der Welt. Der königliche Komplex besteht aus Tempeln, Kellern und weitläufigen Innenhöfen, wobei ein Teil des Palastes weiterhin als Teil des modernen Stadtzentrums von Split genutzt wird.

Praktische Tipps:

Standort: Split, Kroatien, an der dalmatinischen Küste.

Öffnungszeiten: Der Palast ist das ganze Jahr über geöffnet. Bestimmte Attraktionen, darunter der Peristylplatz und das Diokletians Mausoleum, sind von 9:00 bis 18:00 Uhr geöffnet.

Beste Reisezeit: Sommermonate mit schönem Wetter, aber möglicherweise viel los; früher Frühling oder später Herbst für weniger Menschen.

Warum besuchen: Der Diokletianpalast verbindet römisches Erbe mit der gegenwärtigen kroatischen Kultur. Die historischen Schichten des Palastes sind deutlich sichtbar und bieten die einmalige Gelegenheit, durch ein 1.700 Jahre altes römisches Haus zu schlendern, das noch heute genutzt wird.

7. Das Rila-Kloster, Bulgarien.

Das Rila-Kloster im bulgarischen Rila-Gebirge ist eine bekannte Sehenswürdigkeit. Das Kloster wurde im zehnten Jahrhundert vom Einsiedler St. Ivan von Rila gegründet und gehört zum UNESCO-Weltkulturerbe. Es ist berühmt für seine wunderschönen Wandgemälde, seine atemberaubende Architektur und seine Bedeutung für die Erhaltung der bulgarischen Kultur und Spiritualität über Jahrhunderte politischer Unruhen hinweg.

Praktische Tipps:

Standort: In der Nähe der Stadt Rila, etwa 120 Kilometer südlich von Sofia.

Täglich von 8:00 bis 18:00 Uhr geöffnet.

Die besten Jahreszeiten für einen Besuch sind Frühling und Herbst, wenn das Wetter milder ist und weniger Menschen da sind.

Das Rila-Kloster bietet einen friedlichen Rückzugsort in die religiöse und kulturelle Geschichte Bulgariens, mit atemberaubender Naturkulisse und Kunst, die Jahrhunderte frommer Hingabe widerspiegelt.

Vergnügungs- und Themenparks

Vergnügungs- und Themenparks auf dem Balkan: Familienfreundlicher Spaß und Abenteuer.

Der Balkan, ein Gebiet, das für seine reiche Kulturgeschichte, wunderschöne Landschaften und dynamische Städte bekannt ist, verfügt auch über faszinierende Vergnügungs- und Themenparks, die sich ideal für Familien, Spaß und Abenteuer eignen. Von Wasserparks über adrenalingeladene Fahrgeschäfte bis hin zu interaktiven Attraktionen – auf dem Balkan gibt es eine Vielzahl von Themenparks, die Touristen jeden Alters unvergessliche Erlebnisse garantieren. Besuchen wir einige der besten Parks der Region, wie Aqualuna in Slowenien und den Abenteuerpark Zlatibor in

Serbien, die für jede Menge Nervenkitzel und Aktivitäten sorgen.

Wasserpark Aqua Luna, Slowenien

Aqualuna, ein Premium-Wasserpark in Rogaška Slatina, Slowenien, bietet ein entspannendes und unterhaltsames Erlebnis. Es ist eine ausgezeichnete Wahl für Familien, die vor allem in den Sommermonaten einen erfrischenden Rückzugsort suchen. Der Park bietet eine breite Palette an Aktivitäten, von aufregenden Wasserrutschen bis hin zu entspannenden Flüssen, für jeden ist etwas dabei. Der Park verfügt über Hochgeschwindigkeits-Rutschen, Wellenbecken und Wasserspielplätze für Abenteuerlustige sowie heiße Pools und einen Wellnessbereich für diejenigen, die ein entspanntes Erlebnis suchen.

Aqalunas einzigartige Mischung aus Innen- und Außenbereichen macht es zu einer hervorragenden ganzjährigen Attraktion. Familien können auch die ausgewiesenen kinderfreundlichen Bereiche nutzen, zu denen interaktive Wasserspiele und kleinere Pools für jüngere Kinder gehören.

Reisetipp: Aqaluna liegt nahe der kroatischen Grenze und ist daher ein idealer Zwischenstopp für diejenigen, die beide Länder besuchen. Um Staus zu vermeiden, kommen Sie während der touristischen Hochsaison wochentags.

Abenteuerpark Zlatibor, Serbien.

Der Abenteuerpark Zlatibor liegt im malerischen Zlatibor-Gebirge Serbiens und bietet ein aufregendes Outdoor-Erlebnis, das natürliche Schönheit mit körperlichen Schwierigkeiten verbindet. Dieser Park bietet eine Vielzahl von Aktivitäten für Familien und Abenteurer, wie Seilrutschen, Hindernisparcours und Kletterwände. Die Architektur des Parks nutzt die hügelige Umgebung optimal aus und bietet einen herrlichen Hintergrund für spannende Sportarten.

Eine der größten Attraktionen ist der Hochseilgarten, in dem Besucher ihr Gleichgewicht und ihre Beweglichkeit testen und dabei verschiedene schwierige Herausforderungen meistern können. Der Park verfügt auch über ein Paintball-Feld, das sich hervorragend für Familien eignet, die auf der Suche nach freundschaftlichen Wettkämpfen sind, sowie eine Safarifahrt in den benachbarten Wald, wo Besucher die Tiere und malerische Sehenswürdigkeiten beobachten können.

Für kleinere Kinder gibt es kleine Seilrutschen und Spielplätze, die in einer sicheren, regulierten Umgebung für Unterhaltung sorgen. Der Abenteuerpark Zlatibor ist ideal für Personen, die die Natur hautnah erkunden und gleichzeitig aktiven, praktischen Spaß haben möchten.

Reisetipp: Zlatibor ist über die Straße leicht zu erreichen und Gäste können einen Tagesausflug von Belgrad oder Novi Sad aus unternehmen. Wenn Sie einen längeren Aufenthalt planen, mieten Sie eine Hütte oder übernachten Sie in einem der attraktiven Hotels oder Resorts der Gegend.

Andere bemerkenswerte Vergnügungsparks auf dem Balkan.

Aquapark Istralandia, Kroatien: Istralandia gilt als einer der größten Wasserparks Europas und bietet eine vielfältige Auswahl an Wasserrutschen, Wellenbecken und Spielzonen, was ihn zu einem idealen Zwischenstopp für Familien macht, die die kroatische Küste bereisen.

Vergnügungspark Funtana – Rumänien: Dieser Park in Funtana nahe dem Schwarzen Meer umfasst eine Vielzahl klassischer Fahrgeschäfte sowie Wasserattraktionen wie Achterbahnen, Autoscooter und einen großen Wasserspielbereich.

Parc Asterix – Griechenland: Der Parc Asterix liegt etwas außerhalb von Athen und ist ein großartiger Vergnügungspark, der von der griechischen Mythologie inspiriert ist und in dem Familien aufregende Fahrgeschäfte und lehrreiche Aktivitäten genießen können. Obwohl es sich an Kinder richtet, gibt es auch für Erwachsene viel zu bieten.

Praktische Reisetipps für Besucher: Optimale Reisezeit: Der Sommer (Juni bis September) ist oft die beste Zeit, um Vergnügungs- und Themenparks auf dem Balkan zu besuchen. Einige Parks sind jedoch das ganze Jahr über geöffnet. Wenn Sie sie also außerhalb der Saison besuchen, achten Sie auf besondere Veranstaltungen oder Ermäßigungen. Überlegungen zum Wetter: Überprüfen Sie vor dem Besuch von Outdoor-Parks wie dem Abenteuerpark Zlatibor unbedingt die Wettervorhersage, da starker Regen oder Schnee bestimmte Attraktionen beeinträchtigen könnten. In den hügeligen Abschnitten der Region kann es vor allem nachts zu kälteren Temperaturen kommen.

Reise und Unterkunft: Viele Themenparks auf dem Balkan sind leicht mit dem Auto erreichbar, insbesondere wenn Sie durch Nachbarländer reisen. An diesen Orten gibt es viele Resorts, Hotels und Mietobjekte. Daher empfiehlt es sich, vor allem in der Hochsaison im Voraus zu planen.

Ticketpreise und Pakete: Die meisten Vergnügungsparks bieten verschiedene Ticketoptionen an, darunter Familienpakete, Dauerkarten und Gruppenermäßigungen. Einige Parks bieten auch Online-Buchungs-Alternativen mit ermäßigten Kosten für Vorverkaufskarten an. Machen Sie also vor Ihrem Besuch Ihre Hausaufgaben.

Parks, Strände und Berge

Der Balkan, ein faszinierendes Gebiet im Südosten Europas, verfügt über eine große Vielfalt an Naturattraktionen, von ruhigen Nationalparks bis hin zu wunderschönen Stränden und hohen Bergen. Dieser Ort ist ein wahrgewordener Traum für Naturliebhaber und Abenteurer, mit vielen Möglichkeiten für Ökotourismus, Outdoor-Aktivitäten und einer herrlichen Landschaft.

Nationalparks

Der Nationalpark Plitvicer Seen in Kroatien ist eines der berühmtesten Naturwunder Europas, mit einer Reihe türkisfarbener Seen, die durch Wasserfälle verbunden sind und in üppigen Waldgebieten liegen. Wenn Sie durch die Holzstege und -pfade des Parks wandern, können Sie seine bezaubernde Schönheit fotografisch festhalten. Ebenso verfügt der Tara-Nationalpark in Serbien über steile Schluchten, rauschende Flüsse und eine reiche Artenvielfalt, darunter Braunbären und Wölfe. Es ist ein ausgezeichneter Ort zum Wandern, Vogelbeobachtung und Rafting entlang des Flusses Drina, wo Touristen in die unberührte Natur eintauchen können.

Strände

An der Küste Albaniens befinden sich einige der schönsten und unberührtesten Strände des

Mittelmeers. Der im Ionischen Meer gelegene Ksamil-Strand ist ein natürlicher Zufluchtsort mit klarem Meer, goldenem Sand und winzigen Inseln, die mit dem Boot erreicht werden können. Der Strand eignet sich zum Schwimmen, Sonnenbaden und Kajakfahren und ist aufgrund seiner ruhigen Lage ideal für einen erholsamen Urlaub. Der nahegelegene Dhermi-Strand hat mit seinem kristallklaren Wasser und einer spektakulären Bergkulisse einen raueren Reiz und ist somit ideal für Freizeitaktivitäten und zum Fotografieren.

Gebirge

Für Bergsteiger ist der Balkan eine Fundgrube. Der Olymp in Griechenland, Heimat der berühmten Götter der griechischen Mythologie, bietet atemberaubende Wanderrouten mit Panoramablick auf die Ägäis. Der Gipfel ist für erfahrene Wanderer ein schwieriger Aufstieg, während die umliegenden Hänge leichter zugängliche Wege bieten. Das Balkangebirge, das sich über Bulgarien und Serbien erstreckt, bietet zusätzliche Möglichkeiten zum Wandern, Skifahren und Besuchen historischer Gemeinden in Tälern.

Die Naturschätze des Balkans werden zunehmend für ihr öko touristisches Potenzial anerkannt, und mehrere Orte fördern nachhaltiges Reisen. Ob beim Wandern auf Waldwegen, beim Baden in kristallklaren Flüssen oder beim Fotografieren von

Panoramen – die Gegend bietet eine besondere Kombination aus Schönheit und Abenteuer, ideal für alle, die eine echte Verbindung zur Natur suchen.

Kulturelle Erlebnisse

Der Balkan, eine Region, die für ihre reiche und abwechslungsreiche Geschichte bekannt ist, bietet eine Vielzahl unterschiedlicher kultureller Erlebnisse, die ihr komplexes Erbe und ihre lebendigen Bräuche widerspiegeln. Von Festivals bis hin zur Gastronomie ermöglichen diese Erlebnisse den Gästen, sich mit der Essenz des Ortes zu verbinden.

Traditionelle Feste auf dem Balkan sind eine der faszinierendsten Möglichkeiten, die Region kennenzulernen. Jeden Sommer reisen Tausende ausländische Touristen zum Serbischen Exit Festival, einem weltberühmten Musikfestival, nach Novi Sad. Es ist mehr als nur Musik; es ist ein Fest der Unabhängigkeit, des Erfindungsreichtums und der jungen Energie der Region. In Albanien bieten Bektaschi-Rituale einen ungewöhnlichen Einblick in das sufistische muslimische Erbe des Bektaschi-Ordens. Diese Veranstaltungen, zu denen mystische Riten, Musik und lebhafte Tänze gehören, sind ein wesentlicher Bestandteil des albanischen spirituellen und kulturellen Lebens. Ein weiteres Highlight ist das Ohrid-Sommerfestival in

Mazedonien, bei dem klassische Musik, Theater und Tanz vor der Kulisse des atemberaubenden Ohrid Sees gefeiert werden. Die Veranstaltung unterstreicht die starke Verbundenheit der Region mit den Künsten und der jahrhundertealten Kulturgeschichte.

Ebenso faszinierend sind die kulinarischen Abenteuer auf dem Balkan. In Bosnien und Herzegowina müssen Sie unbedingt Cevapi probieren, das sind gegrillte, gehackte Schweinswürste, die mit Fladenbrot und Zwiebeln gegessen werden. Diese Mahlzeit ist ein Beispiel für das gemeinsame osmanische Erbe der Region und ist sowohl in städtischen als auch in ländlichen Gebieten beliebt. In Serbien ist die Rakija-Verkostung ein beliebter Zeitvertreib sowohl für Einheimische als auch für Ausländer. Dieser kräftige Obstbrand, der typischerweise zu Hause zubereitet wird, ist in verschiedenen Geschmacksrichtungen erhältlich. Ein gemeinsames Glas Rakija ist eine traditionelle Form der Gastfreundschaft und Freundschaft.

Diese kulturellen Erlebnisse auf dem Balkan sind mehr als nur Unterhaltung oder Kulinarik; sie sind Fenster zum Herzen der Gegend und ermöglichen es den Besuchern, mit jahrhundertealten Traditionen, lokalen Bräuchen und der wahren Freundlichkeit der Menschen zu interagieren. Das Eintauchen in diese Erfahrungen ermöglicht ein besseres Wissen und eine

bessere Wertschätzung des besonderen Charmes und
der Geschichte des Balkans.

KAPITEL SECHS

Städte und Gemeinden auf dem Balkan – ein Überblick

Der Balkan, eine Halbinsel an der Schnittstelle zwischen Europa und Asien, ist ein kulturell vielfältiges, historisch bedeutsames Gebiet mit atemberaubender Landschaft. Dieses komplizierte und interessante Gebiet, das manchmal missverstanden und wenig erforscht wird, bietet eine dynamische Mischung aus Moderne und Erbe, vor allem in seinen Städten. Von Moscheen aus der osmanischen Zeit über mittelalterliche Burgen und venezianische Paläste bis hin zu modernen urbanen Zentren bieten Balkanstädte eine einzigartige Kombination von Einflüssen, die sie zu attraktiven Touristenzielen machen.

Kulturelle Vielfalt
Der Balkan ist die Heimat einer Vielzahl von Ethnien, Sprachen, Glaubensrichtungen und Traditionen. Diese kulturelle Vielfalt hat die Städte und Gemeinden der Region geprägt und sie voneinander unterschieden. Die Vielfalt ist das Ergebnis jahrhundertelanger Migration, Eroberung und politischer Unruhen. Während das Gebiet ursprünglich vom römischen, byzantinischen und

128

osmanischen Reich regiert wurde, hinterließ jede Epoche ihre Spuren in den architektonischen, kulturellen und sozialen Strukturen der Städte. Ethnische und religiöse Vielfalt: Auf dem Balkan lebt eine vielfältige ethnische Bevölkerung, darunter Slawen, Griechen, Albaner und Türken, sowie Glaubensrichtungen wie die östliche Orthodoxie, der Islam, der Katholizismus und das Judentum. Diese vielfältige Mischung spiegelt sich im Alltagsleben und den Festlichkeiten der Städte wider, wo Touristen religiöse Wahrzeichen wie Kirchen, Moscheen, Synagogen und Klöster nebeneinander sehen können. Sprache: Die Sprachlandschaft auf dem Balkan ist ähnlich vielfältig, hier werden Serbisch, Kroatisch, Albanisch, Bulgarisch, Griechisch und Türkisch gesprochen. Diese Vielfalt steigert nicht nur das Reiseerlebnis, sondern verleiht auch der lokalen Kultur, Musik und dem Essen eine besondere Note.

Architektonische Wahrzeichen
Die Architektur des Balkans vermittelt die Geschichte seiner turbulenten Geschichte und der vielen Zivilisationen, die ihn geschaffen haben. Städte wie Belgrad, Sofia und Zagreb verfügen über eine vielfältige Mischung aus osmanischer, byzantinischer, österreichisch-ungarischer und sozialistischer Architektur, die jeder einen eigenen visuellen Charakter verleihen.

Osmanischer Einfluss: Städte wie Sarajevo, Skopje und Mostar weisen osmanische Architektur auf, darunter Moscheen, Basare und Brücken. Die berühmte Stari Most (Alte Brücke) in Mostar beispielsweise gehört zum UNESCO-Weltkulturerbe und ist ein Symbol des kulturellen Erbes von Bosnien und Herzegowina.

Österreichisch-ungarischer Einfluss: Die Überreste des Österreichisch-Ungarischen Reiches können in Städten wie Zagreb und Budapest beobachtet werden, wo noch große Paläste, klassizistische Bauwerke und elegante Brücken stehen. Beispiele für diesen Baustil sind der Ban-Jelačić-Platz in Zagreb sowie kolossale Monumente in Wien und Budapest mit vulkanischem Ursprung.

Byzantinischer Einfluss: Der Einfluss des Byzantinischen Reiches lässt sich an den historischen Kathedralen und Klöstern Griechenlands und Bulgariens erkennen. Obwohl sich die Hagia Sophia in Istanbul offiziell auf dem östlichen Balkan befindet, markiert sie mit ihren riesigen Kuppeln und Mosaiken den Höhepunkt der byzantinischen religiösen Architektur.

Sozialistischer Realismus: Das 20. Jahrhundert hinterließ ein Erbe der Architektur der sozialistischen Ära, insbesondere in Städten wie Tirana und Belgrad, wo unter kommunistischen Regierungen riesige, imposante Betongebäude errichtet wurden. Obwohl diese Bauwerke manchmal wegen ihrer Ästhetik kritisiert werden, bieten sie einen einzigartigen Einblick in die zeitgenössische Vergangenheit der Region.

Urbane Zentren und Moderne

Trotz ihres historischen Reichtums modernisieren sich die Balkanstädte schnell und verbinden antike Schönheit mit modernem Leben. Städte wie Belgrad, Zagreb, Athen und Thessaloniki sind nicht nur Kulturhauptstädte, sondern auch florierende Zentren für Innovation, Kunst und Wirtschaft.

Belgrad, die Stadt Serbiens, ist bekannt für ihr pulsierendes Nachtleben, ihre moderne Kunstszene und die überfüllten Cafés entlang der Straßen. Der Stadtbezirk Skadarlija ist ein hübsches, unkonventionelles Viertel, das einen Blick auf die historischen und kulturellen Seiten Belgrads bietet, während die Save-Region über moderne, renovierte Uferpromenaden mit stilvollen Restaurants und Bars verfügt.

Thessaloniki, die zweitgrößte Stadt Griechenlands, ist eine Mischung aus Antike und Moderne. Der Weiße Turm und die römische Agora koexistieren mit hochmodernen Kunstgalerien und schaffen ein harmonisches Umfeld aus Geschichte und Kreativität.

Tirana, die Hauptstadt Albaniens, hat in den letzten Jahrzehnten enorme Veränderungen erlebt. Früher

131

war er für seine tristen Betonbauten bekannt, heute ist er jedoch für seine farbenfrohe Architektur, die aktive Kunstszene und die sich entwickelnde Infrastruktur bekannt. Besucher können über die Plätze der Stadt schlendern, die Cafés genießen und das Nationale Geschichtsmuseum mit seinen exquisiten Mosaiken besichtigen.

Städte und Gemeinden auf dem Balkan weisen einzigartige Merkmale auf.

Jede Stadt auf dem Balkan ist anders und bietet Erst Besuchern etwas Neues. Hier sind einige Beispiele.

Dubrovnik, Kroatien: Die Altstadt von Dubrovnik, oft als „Perle der Adria" bekannt, gehört zum UNESCO-Weltkulturerbe und ist für ihre mittelalterlichen Befestigungsanlagen, alten Gebäude und atemberaubenden Ausblicke auf das Meer bekannt. Die prächtig erhaltene Architektur der Stadt, insbesondere der Sponza-Palast im Renaissancestil, zieht Touristen aus aller Welt an.

Pristina, Kosovo: Die Hauptstadt des Kosovo ist eine Stadt im Wandel, in der Vergangenheit und Gegenwart auf faszinierende Weise nebeneinander existieren. Das Neugeborene Denkmal, ein Symbol der Unabhängigkeit des Kosovo, liegt neben jahrhundertealten osmanischen Gebäuden und zeitgenössischer Architektur und bietet ein vielfältiges Spektrum an Kulturen und Standpunkten.

Split, Kroatien: Split ist bekannt für den alten Diokletianpalast und verbindet antikes römisches Erbe mit modernem mediterranem Lebensstil. Besucher können durch das Labyrinth aus Stein Straßen schlendern, in örtlichen Geschäften einkaufen und in Fischrestaurants mit Blick auf die Adria speisen.

Riga, Lettland: Obwohl Riga nominell zu den baltischen Staaten gehört, hat es einen einzigartigen Charakter, der mehreren Metropolen auf dem Balkan ähnelt. Riga, bekannt für seine Jugendstilarchitektur, seine farbenfrohen Märkte und die Mischung aus Altem und Modernem, strahlen europäischen Charme mit regionalem Flair aus.

Unverzichtbare Städte und Gemeinden für Erstreisende.

Einige Städte auf dem Balkan zeichnen sich durch ihre Schönheit, Kultur und Geschichte aus:

Sarajevo, Bosnien und Herzegowina – Der Kern des Balkans, wo sich Ost und West treffen, mit osmanischen und österreichisch-ungarischen Einflüssen.

Belgrad, Serbien – Eine moderne Stadt mit einem pulsierenden Nachtleben und einer Geschichte, die von der römischen bis zur sozialistischen Geschichte reicht.

Tirana, Albanien – Eine lebendige, sich schnell verändernde Stadt mit einer Mischung aus italienischer, osmanischer und kommunistischer Architektur.

Thessaloniki, Griechenland, ist eine pulsierende Hafenstadt mit einer reichen Geschichte, die für ihre Küche und Festivals bekannt ist.

Zagreb, Kroatien – Eine prächtige mittelalterliche Stadt mit neoklassizistischer Architektur, schönen Gärten und einer blühenden Kulturszene.

Split, Kroatien – Ein Juwel am Meer mit römischen Überresten und einer entspannten mediterranen Atmosphäre.

Abschluss

Die Städte und Gemeinden auf dem Balkan bieten ein reiches und vielfältiges Gefüge kultureller, historischer und architektonischer Einflüsse.

Top-Städte auf dem Balkan, die man besuchen sollte

Der Balkan ist ein Gebiet reich an Geschichte, Kultur und vielfältigen Landschaften, das Touristen vielfältige Erlebnisse bietet. Belgrad, Sarajevo, Zagreb und Sofia sind vier bedeutende Städte in der Region, die man sich nicht entgehen lassen sollte. Jede Stadt hat ihre eigene Kombination aus Geschichte, Architektur und lokaler Persönlichkeit, was sie zu einem unvergesslichen Urlaub macht.

1. Belgrad, Serbien.
Belgrad ist bekannt für seine hektische Atmosphäre, sein pulsierendes Nachtleben und die Verschmelzung östlicher und westlicher Kulturen. Es ist eine Stadt, die niemals schläft, mit belebten Straßen, historischen Stätten und einem starken Gefühl der serbischen Identität.
Hauptattraktionen:
Zitadelle Kalemegdan: Diese Zitadelle liegt in der Nähe des Zusammenflusses von Save und Donau und bietet Panoramablicke und Einblicke in die lange Militärgeschichte Belgrads. Der Park rundherum lädt zu gemütlichen Spaziergängen ein.
Platz der Republik (Trg Republike): Ein wichtiges Zentrum mit bedeutenden Denkmälern wie dem

135

Nationalmuseum und dem Nationaltheater. Es dient als Treffpunkt für Bewohner und Besucher.

Knez Mihailova Straße: Die wichtigste Einkaufsstraße für Fußgänger, gesäumt von beeindruckender Architektur und lebhaften Restaurants. Hier können Sie das geschäftige Stadtleben der Stadt genießen.

Bezirk Skadarlija: Skadarlija ist als Belgrads Künstlerviertel bekannt und beherbergt Kopfsteinpflasterstraßen, traditionelle Restaurants und lebhafte Bars, in denen Sie lokale Musik und Küche genießen können.

Lokale Bräuche:

Serben sind für ihre Gastfreundschaft bekannt. Erschrecken Sie nicht, wenn Sie jemand zu einem Drink oder Abendessen zu sich nach Hause einlädt. Als Begrüßungsgetränk wird oft Rakija (Obstbrand) gereicht.

2. Sarajevo, Bosnien und Herzegowina

Sarajevo hat eine Ost-West-Atmosphäre mit Bauwerken aus der osmanischen Zeit, die sich inmitten der österreichisch-ungarischen Architektur schmiegen. Es strahlt eine ausgeprägte kosmopolitische Atmosphäre aus, die durch jahrhundertealte Geschichte und religiöse Vielfalt entstanden ist.

Hauptattraktionen:
Sarajevos historischer Basar Baščaršija bietet in kleinen Gassen Kunsthandwerksläden, Cafés und traditionelle Restaurants. Dieses Viertel zeigt den osmanischen Einfluss in der Stadt.
Sarajevo-Tunnel Museum: Dieses Museum dokumentiert die Belagerung von Sarajevo während des Bosnienkrieges. Während der Blockade wurde der Tunnel genutzt, um Lebensmittel und Waffen in die Stadt zu transportieren.
Gazi-Husrev-Beg-Moschee: Diese Moschee, eines der bedeutendsten Beispiele osmanischer Architektur Sarajevos, ist ein Symbol der islamischen Geschichte der Stadt.
Vrelo Bosne: Eine natürliche Quelle am Fuße des Mount Igman. Dies ist ein ruhiger Ort zum Entspannen, für eine Bootsfahrt oder zur Erkundung der benachbarten Parklandschaften.
Lokale Bräuche:
Sarajevo hat eine lebendige Cafékultur. Einheimische verbringen oft Stunden damit, Kaffee in einem der zahlreichen klassischen Cafés zu trinken. Der Kaffee ist hier stark und wird in einer winzigen Tasse serviert, meist mit einem Stück türkischer Köstlichkeit.
3. Zagreb, Kroatien.
Zagreb hat den Charme der alten Welt und vereint dennoch die moderne Moderne. Es bietet eine

entspannte, aber kosmopolitische Atmosphäre mit einer lebhaften Kunstszene, attraktiven Straßen und Grünflächen, die sich sowohl für Freizeit als auch für Erkundungen eignen.

Hauptattraktionen:

Der Ban-Jelačić-Platz im Stadtzentrum beherbergt Geschäfte, Cafés und bemerkenswerte Bauwerke, darunter die Kathedrale von Zagreb.

Die Oberstadt (Gornji Grad) ist ein historisches Viertel mit Kopfsteinpflaster, Gassen, antiken Gebäuden und atemberaubenden Ausblicken. Die berühmte Markuskirche mit ihrer bunt gekachelten Decke ist ein Muss.

Stadtmuseum Zagreb: Dieses Museum zeigt die Geschichte der Stadt, von ihren mittelalterlichen Wurzeln bis zu ihrer zeitgenössischen Kultur. Es ist ein ausgezeichneter Ort, um mehr über die Entwicklung Zagrebs zu erfahren.

Der Maksimir-Park ist ein weitläufiger, attraktiver Park, der sich ideal für einen Spaziergang oder ein Picknick eignet. Es gibt auch einen Zoo, was es zu einem familienfreundlichen Reiseziel macht.

Lokale Bräuche:

Zagreb hat eine Kaffeekultur, die mit anderen Balkanstaaten vergleichbar ist, ist aber auch für sein Gebäck berühmt. Zu den beliebten lokalen Süßigkeiten gehören Kremšnita (mit Sahne gefüllter Kuchen) und Štrukli (mit Käse gefüllter Teig).

138

4. Sofia, Bulgarien.

Sofia hat eine historische Atmosphäre mit römischen Ruinen, Denkmälern aus der Sowjetzeit und modernen Gebäuden. Es ist weniger touristisch als einige seiner europäischen Konkurrenten und bietet einen authentischen und unverfälschten Blick auf Osteuropa.

Hauptattraktionen:

Alexander-Newski-Kirche: Diese riesige orthodoxe Kirche ist eines der bekanntesten Gebäude Sofias und ein Symbol des bulgarischen Stolzes mit spektakulärer Architektur und exquisiter Innenausstattung.

Der Vitosha-Boulevard ist Sofias wichtigste Einkaufsstraße mit zahlreichen Geschäften, Cafés und Restaurants. Es ist ein beliebter Ort, um einen Kaffee zu trinken oder einen Spaziergang zu machen und dabei die Aussicht vom Vitosha-Berg zu genießen.

Das Nationale Geschichtsmuseum am Stadtrand von Sofia beherbergt Tausende von Objekten, die die reiche Geschichte Bulgariens von der Antike bis zur Gegenwart nachzeichnen.

Boyana-Kirche: Diese alte Kirche gehört zum UNESCO-Weltkulturerbe und ist für ihre wunderschönen Wandgemälde aus dem 13. Jahrhundert bekannt.

Lokale Bräuche:

Bulgaren begrüßen sich gegenseitig mit einem Händedruck, und die übliche bulgarische Geste, bei „Ja" zu nicken und bei „Nein" den Kopf zu schütteln, mag manchen Besuchern zunächst ungewohnt vorkommen. Erschrecken Sie nicht, wenn Ihnen hausgemachter Rakia oder ein Getränk aus gekühltem Joghurt angeboten wird.

Abschluss

Der Balkan ist ein Gebiet von erstaunlicher Vielfalt, wobei jede Stadt ihre eigene Stimmung, Geschichte und Kultur hat.

Weniger bekannte Städte und versteckte Schätze auf dem Balkan

Der Balkan birgt eine Vielzahl verborgener Schätze, die von beliebten Touristen oft ignoriert werden. Städte wie Kotor, Mostar, Ohrid und Plovdiv bieten einzigartige kulturelle Erlebnisse und atemberaubende Landschaften abseits der Massen beliebter Orte.

Kotor liegt an der Bucht von Kotor in Montenegro und ist eine historische Stadt mit kleinen Gassen und hübschen Bauwerken. Die Altstadt der Stadt, ein UNESCO-Weltkulturerbe, ist von venezianischen Mauern und kristallklaren Wasserstraßen umgeben. Die majestätische Festung von Kotor bietet einen atemberaubenden Blick auf die Bucht. Kotor ist auch für seine religiösen und kulturellen Traditionen bekannt, wie zum Beispiel das jährliche Boka-Nachtfestival mit Feuerwerk und Bootsparaden.

Die historische Stari Most (Alte Brücke) in Mostar, Bosnien und Herzegowina, überquert den Fluss Neretva und dient als schöne Kulisse für diese malerische Stadt. Die Kopfsteinpflasterstraßen und Gebäude aus der osmanischen Zeit spiegeln die reiche Vergangenheit Mostars wider, die östliche und westliche Einflüsse vereint. Der Alte Basar der Stadt ist ein großartiger Ort, um etwas über traditionelles Handwerk zu lernen, und Touristen können beim jährlichen Mostar-Tauchwettbewerb mutigen Bewohnern dabei zusehen, wie sie von der Brücke springen.

Ohrid, eine Stadt am Ufer des Ohrid-Sees in Nord Mazedonien, ist aufgrund ihres langen christlichen Erbes als „Jerusalem des Balkans" bekannt. Ohrids historischer Reichtum wird durch die natürliche Pracht des Sees ergänzt, der rund 365 Kirchen umfasst, eine für jeden Tag des Jahres. Die historische Ohrid-Festung und die St.-Johannes-Kirche in Kaneo sind zwei Sehenswürdigkeiten, die man unbedingt gesehen haben muss. Die Stadt veranstaltet auch das Ohrid-Summer Festival, das Musik-, Theater- und

Tanzaufführungen von Künstlern aus aller Welt bietet.

Plovdiv, Bulgariens zweitgrößte Stadt, gehört zu den ältesten und durchgehend bewohnten Städten Europas. Zu den Höhepunkten zählen das gut erhaltene römische Theater und das farbenfrohe, traditionelle Kapana-Viertel, die sowohl die alten als auch die modernen Aspekte der Stadt zur Geltung bringen. Die Stadt ist auch für ihre Kunstszene bekannt und die jährliche Internationale Messe Plovdiv ermöglicht es Besuchern, die farbenfrohe lokale Kultur zu erleben.

Sich in Städten fortbewegen

Die Städte und Dörfer auf dem Balkan sind aufgrund eines wirtschaftlichen und gut vernetzten Verkehrsnetzes relativ einfach zu bereisen. Busse sind das häufigste Transportmittel zwischen Dörfern und Städten und bieten eine kostengünstige Möglichkeit, sich fortzubewegen. Viele Städte bieten auch Straßenbahnen oder Trolleybusse für den Nahverkehr an, insbesondere Großstädte wie Sofia und Sarajevo.

Für ein individuelles Erlebnis können Sie ein Fahrrad mieten und die Städte in aller Ruhe erkunden. Viele Orte bieten Bike-Sharing-Dienste an, insbesondere in Plovdiv und Kotor. In kleineren Städten, in denen viele fußgängerfreundliche Kopfsteinpflasterstraßen verfügen, ist ein

Spaziergang in der Regel die beste Möglichkeit, historische Viertel zu entdecken.

Taxis stehen für kurze Ausflüge innerhalb der Städte leicht zur Verfügung. Achten Sie jedoch darauf, den Fahrpreis zu prüfen, bevor Sie mit der Fahrt beginnen. Viele Städte bieten auch Nahverkehrs-Anwendungen an, die bei der Routenplanung helfen. In bestimmten Städten ermöglichen Touristen Pässe, möglicherweise uneingeschränkten Zugang zu öffentlichen Verkehrsmitteln sowie Ermäßigungen für beliebte Sehenswürdigkeiten. Erwägen Sie Reisepässe für längere Besuche, da diese im Allgemeinen ein hervorragendes Preis-Leistungs-Verhältnis für Reisende bieten.

Zusammenfassend lässt sich sagen, dass Reisen auf dem Balkan einfach sind und Sie mit öffentlichen Verkehrsmitteln, Fahrrädern und Spaziergängen schnell die verborgenen Schönheiten der Region entdecken können.

Lokale Küche und Essen in Städten

Der Balkan bietet mit seiner reichen Geschichte und seinen unterschiedlichen Kulturen ein einzigartiges gastronomisches Erlebnis, das mediterrane, türkische und slawische Einflüsse vereint. Jede Stadt und jedes Gebiet hat seine eigenen einzigartigen Gerichte und Lebensmittelmärkte, Restaurants und Streetfood-Stände bieten Erst Besuchern die Möglichkeit, lokale Sensationen zu probieren.

Belgrad, Serbien, ist bekannt für seine kräftige und herzhafte Küche, wie zum Beispiel Cevapi, kleine gegrillte Schweinebauch Würste, die mit Fladenbrot, Zwiebeln und einem Klecks Sauerrahm gegessen werden. Für ein echtes Erlebnis besuchen Sie Skadarlija, Belgrads Künstlerviertel, das übersät ist mit traditionellen Kafanas (Restaurants), die lokale Küche servieren. Der Markt Zeleni Venac ist ein weiterer hervorragender Ort, um frische Produkte und regionale Spezialitäten zu kaufen.

Sarajevo, Bosnien und Herzegowina: Burek, ein herzhaftes Gebäck gefüllt mit Hackfleisch oder Käse, ist ein lokaler Favorit. Das Gericht veranschaulicht den osmanischen Einfluss in der Region. Um den besten Burek zu bekommen, besuchen Sie Avlija Burek oder erkunden Sie die historischen Basare der Stadt wie Baščaršija, wo Verkäufer frisches Simit (mit Sesam überzogenes Brot) und gegrilltes Fleisch anbieten. Der Markale Market bietet einen realistischen Einblick in lokale kulinarische Produkte.

In Zagreb, Kroatien, ist Sarma (mit Hackfleisch und Reis beladener Kohlrouladen) ein beliebtes Wohlfühlessen. Auf dem Dolac-Markt erhalten Sie frische Waren wie Käse, Wurstwaren und lokales Gemüse. Die Restaurants der Stadt bieten kroatische Straßenküche, darunter ćevapi (ähnlich dem serbischen Cevapi) und Pasticada (langsam gegarter Rindfleischeintopf).

Tavče gravče (gebackene Bohnen), eine nationale Küche aus Skopje, in Mazedonien, ist von mediterranen und balkanischen Traditionen beeinflusst. Besuchen Sie den Bit Pazar-Markt, um eine große Auswahl an frischen Gewürzen und lokalen Produkten zu kaufen, oder speisen Sie in einem der alten Bazaar-Restaurants und genießen Sie gegrilltes Fleisch und Salate.

Das Probieren lokaler Köstlichkeiten auf belebten Lebensmittelmärkten, in gemütlichen Cafés und an Straßenständen vermittelt einen unvergesslichen Eindruck vom Balkan.

Feste und Veranstaltungen in Städten

Auf dem Balkan finden zahlreiche Festivals und Veranstaltungen statt, bei denen Kultur, Musik, Gastronomie und die reichen Traditionen der Region im Mittelpunkt stehen. Diese Festivals verbinden oft historische Rituale mit zeitgenössischer Kunst und Unterhaltung, was zu einer lebendigen und besonderen Atmosphäre in Städten und Dörfern in der Umgebung führt. Im Folgenden sind einige der interessantesten jährlichen Festivals und Veranstaltungen auf dem Balkan aufgeführt, die sich unter anderem auf Städte wie Zagreb, Sarajevo und Belgrad konzentrieren.

Zagreb, Kroatien.

Advent in Zagreb (Ende November – Anfang Januar)

Typ: Weihnachts- und Feiertags Fest

Überblick: Der Advent in Zagreb ist eines der beliebtesten Winterfeste Europas und verwandelt die Straßen und Plätze der Stadt in eine prächtige Weihnachtskugel. Das Festival umfasst Weihnachtsmärkte, spektakuläre Lichter, Eislaufbahnen und Live-Unterhaltung und bietet den Gästen eine gemütliche Winteratmosphäre. In dieser Zeit gibt es eine Fülle lokaler Speisen, Glühwein und Kunsthandwerk. Das Festival zieht Menschen aus der ganzen Welt an und ist ein Muss für Reiseliebhaber.

Zagreber Filmfestival (November).

Typ: Filmfestival

Überblick: Das Zagreber Filmfestival, das jährlich im November stattfindet, zeigt unabhängige Filme aus Kroatien und der ganzen Welt, wobei der Schwerpunkt auf frischem und kreativem

146

Filmemachen liegt. Das Festival bietet Vorführungen, Podiumsdiskussionen und Preise für die Besten in verschiedenen Kategorien, darunter Spielfilme, Dokumentationen und Kurzfilme. Es ist eine wunderbare Gelegenheit für Cineasten, innovative Filme in einer Stadt zu sehen, die für ihre kreativen und kulturellen Angebote immer bekannter wird.

IN Musikfestival (Juni)

Typ: Musikfestival

Das INmusic Festival ist Kroatiens größtes Open-Air-Musikfestival und findet jedes Jahr am Ufer des Jarun-Sees in Zagreb statt. Jedes Jahr besuchen Tausende Musikfans die Veranstaltung, bei der weltweit und lokale Musiker verschiedener Genres auftreten. Zu den Headlinern der Vergangenheit gehörten bekannte Rock-, Indie- und Elektronik Künstler, was es zu einer idealen Veranstaltung für alle macht, die Live-Musik in einer wunderschönen Umgebung genießen möchten.

Sarajevo, Bosnien und Herzegowina

Filmfestival Sarajevo (August).

Typ: Filmfestival

Überblick: Das 1995 gegründete Sarajevo Film Festival ist die größte und prestigeträchtigste Filmveranstaltung auf dem Balkan. Es hat sich zu einer globalen Plattform zur Förderung des europäischen, nahöstlichen und zentralasiatischen Kinos entwickelt. Während des Festivals kommen

Filmemacher aus der ganzen Welt zu Vorführungen, Premieren und Preisverleihungen zusammen, während Tausende von Kinobesuchern die Theater und Freiluft Standorte der Stadt füllen. Das Festival ist bekannt für seinen Schwerpunkt auf regionalen sozialen und kulturellen Belangen und ist daher ein Muss für Weinliebhaber und Branchen Profis.

Baščaršija-Nächte (Juli–August)

Typ: Kulturfestival

Baščaršija Nights feiert die Kulturgeschichte Sarajevos und findet im historischen osmanischen Viertel Baščaršija statt. Über viele Wochen hinweg finden in der Stadt Musik, Konzerte, traditionelle Tänze, Theateraufführungen, Kunstausstellungen und andere kulturelle Aktivitäten statt. Bei dieser Veranstaltung können Besucher die vielfältigen Kulturen Sarajevos anhand von Aufführungen erleben, die von klassischer Musik bis hin zu traditionellen bosnischen Volksliedern reichen.

Sarajevo Winter Festival (Februar – März)

Typ: Winter Kunstfestival.

Überblick: Das Sarajevo Winter Festival ist eines der am längsten laufenden Winter-Festivals auf dem Balkan und bietet ein abwechslungsreiches Programm an kulturellen und künstlerischen Aktivitäten. Konzerte, Tanzaufführungen, Ausstellungen bildender Kunst und Theaterproduktionen gehören zu den Höhepunkten

des Festivals. Ziel ist es, den kulturellen Austausch zu fördern und Sarajevos einzigartige Mischung aus östlichen und westlichen Einflüssen zu präsentieren.
Belgrad, Serbien.
Belgrader Musikfestival (Oktober).
Typ: Festival für klassische Musik
Überblick: Dieses bedeutende Festival, bekannt als BEMUS (Belgrader Musikfestival), wird seit 1969 organisiert und konzentriert sich auf klassische Musik. Das Festival präsentiert renommierte internationale Orchester, Dirigenten und Solisten und ist daher ein Muss für Musikliebhaber. Konzerte finden an historischen Orten wie dem Nationaltheater und der Belgrader Philharmonie statt und die Aufführungen reichen von klassischen Symphonien bis hin zu Opernarien.
Exit Festival (Juli)
Typ: Musikfestival
Überblick: EXIT ist eine der größten und beliebtesten Musikveranstaltungen Europas und findet jährlich in Novi Sad, einer Stadt in der Nähe von Belgrad, statt. Die Veranstaltung ist für ihr abwechslungsreiches Programm bekannt, das Rock, Elektronik, Hip-Hop und andere Genres umfasst. EXIT, das in der antiken Festung Petrovaradin stattfindet, zieht Musikliebhaber aus der ganzen Welt an. Das Festival ist für seine ausgelassene

Atmosphäre, hochkarätige Acts und atemberaubende Ausblicke auf die Donau bekannt.

Belgrader Bierfest (August)

Typ: Bierfest

Überblick: Das Belgrade Beer Fest ist das größte Bierfest auf dem Balkan und findet jedes Jahr im August entlang der Save statt. An der Veranstaltung werden Hunderte von Biermarken aus Serbien und der ganzen Welt sowie Live-Musik und Lebensmittelverkäufer teilnehmen. Es ist der perfekte Treffpunkt für alle, die Craft-Bier, gutes Essen und eine lebhafte Festival Atmosphäre genießen.

Andere bemerkenswerte Festivals auf dem Balkan.

Das Dubrovnik Summer Festival (Juli-August, Kroatien) ist eines der ältesten und prestigeträchtigsten Festivals Kroatiens und bietet Theateraufführungen, Konzerte klassischer Musik und Ballettaufführungen in der historischen Stadt Dubrovnik.

Das Belgrade International Theatre Festival (BITEF) (September, Serbien) ist ein renommiertes Theaterfestival, das avantgardistische Aufführungen aus aller Welt präsentiert.

Das Skopje Jazz Festival (Oktober, Nord Mazedonien) ist ein Jazzmusikfest, das sowohl lokale als auch internationale Jazz Künstler in die Hauptstadt Skopje lockt.

Montenegro Sea Dance Festival (Juli, Budva): Dieses Musikfestival, das am berühmten Jazz Strand von Buddha stattfindet, ist bekannt für seine elektronische Musikszene und atemberaubende Ausblicke auf das Meer.

Planen Sie Ihre Reise

Behalten Sie bei der Planung einer Festival Reise auf dem Balkan den Zeitpunkt jeder Veranstaltung im Hinterkopf, um sicherzustellen, dass Sie das Beste aus jeder Stadt herausholen. Der Advent in Zagreb und das Filmfestival in Sarajevo finden im Winter statt, während das EXIT-Festival in Belgrad im Juli ideal für diejenigen ist, die sich nach Sommerstimmung sehnen. Ein Blick auf die örtlichen Veranstaltungskalender im Voraus kann Touristen dabei helfen, das Beste aus ihrem Urlaub herauszuholen, da viele Festivals Frühbucherrabatte auf Tickets oder Unterkunft anbieten.

Diese Festivals geben nicht nur einen Einblick in die lokale Kultur, sondern ermöglichen den Besuchern auch, die reiche Musik, Küche und Bräuche des Balkans zu erleben, was sie ideal für alle macht, die auf der Suche nach einer einzigartigen Kulturreise sind.

Reisetipps für städtische Gebiete

Bei Reisen in Städte, insbesondere für Erstbesucher, ist es für eine sichere Reise wichtig, aufmerksam und vorbereitet zu sein. Hier einige Sicherheitsrichtlinien, um eine angenehme Reise zu gewährleisten:

Achten Sie jederzeit auf Ihre Umgebung. Vermeiden Sie Ablenkungen, wie z. B. den Blick auf Ihr Telefon beim Gehen, da Sie dadurch zum Hauptziel für Diebe werden. Bewahren Sie Ihre Wertsachen in der Nähe auf, insbesondere an belebten Orten.

Nutzen Sie vertrauenswürdige Taxidienste: Benutzen Sie immer offizielle Taxis. Vermeiden Sie Fahrten mit nicht lizenzierten Fahrern, da dies zu einer Überladung oder gefährlichen Umständen führen kann. Alternativ können Sie auch Mitfahrgelegenheiten nutzen, die in der Regel sicherer und zuverlässiger sind.

Schützen Sie Ihre Wertsachen: Bewahren Sie Pässe, Kreditkarten und Bargeld an einem sicheren Ort auf, beispielsweise in einem Geldgürtel oder einer versteckten Tasche. Vermeiden Sie die Mitnahme größerer Mengen Bargeld und nutzen Sie stattdessen Hotelsafes, sofern verfügbar.

Gehen Sie höflich mit den Einheimischen um: Der Balkan verfügt über ein reiches kulturelles Erbe und der Respekt vor lokalen Traditionen kann von großem Nutzen sein. Lernen Sie ein paar einfache

Wörter in der Landessprache, wie zum Beispiel „Hallo" und „Danke", um Respekt zu zeigen. Seien Sie sensibel für lokale Bräuche, insbesondere im religiösen oder kulturellen Umfeld.

Vermeiden Sie typische Reise-Betrügereien: Seien Sie vorsichtig bei Personen, die Ihnen unerwünschte Hilfe anbieten, z. B. indem sie Sie führen oder Ihnen anbieten, ein Foto zu machen, da es sich dabei möglicherweise um Tricks handelt, um Sie dazu zu bringen, Geld auszugeben. Seien Sie immer vorsichtig bei Schnäppchen, die zu schön erscheint, um wahr zu sein.

Wenn Sie wachsam sind und diese Richtlinien befolgen, wird Ihre Reise in Metropolregionen möglicherweise sicherer und zufriedenstellender.

KAPITEL SIEBEN

Was man auf dem Balkan unternehmen kann

Der Balkan liegt in Südosteuropa und bietet eine vielfältige Vielfalt an Landschaften, Zivilisationen und Geschichte. Für jeden Touristen-Typ ist etwas dabei, das ihm Spaß macht, von hohen Bergen und atemberaubenden Stränden bis hin zu antiken Ruinen und dynamischen Städten. Dieses Kapitel führt Sie durch die großartigsten Aktivitäten und Erlebnisse, die Sie bei einem Besuch auf dem Balkan machen sollten, und bietet Einblicke in die natürliche Schönheit, die reiche Geschichte und die unterschiedlichen Kulturen der Region. Ganz gleich, ob Sie ein Geschichtsinteressierter oder ein Abenteurer sind oder einfach nur entspannen möchten, der Balkan wird Ihre Sinne faszinieren.

1. Entdecken Sie majestätische Landschaften a. Wanderung in den Julischen Alpen (Slowenien)

Die Julischen Alpen in Slowenien sind ein beliebtes Reiseziel für Outdoor-Enthusiasten und bieten eine atemberaubende Kulisse zum Wandern, Klettern und Natur Fotografieren. Der Triglav-Nationalpark mit seinem höchsten Gipfel, dem Berg Triglav, bietet eine Reihe von Wegen für Wanderer aller Schwierigkeitsgrade. Wandern Sie zum malerischen Bleder See und genießen Sie die ruhige Atmosphäre, oder erkunden Sie die Vintgar-Schlucht mit atemberaubenden Ausblicken auf Wasserfälle und kristallklare Flüsse.

C. Die Bucht von Kotor, Montenegro

Die Bucht von Kotor, ein UNESCO-Weltkulturerbe, ist einer der spektakulärsten Naturschauplätze des Balkans. Umgeben von schroffen Bergen beherbergt das Meer prächtige alte Dörfer wie Kotor und Perast. Erkunden Sie die Bucht mit dem Boot, erkunden Sie die alten Befestigungsanlagen oder wandern Sie zum Berg Lovćen, um einen atemberaubenden Blick auf die Adriaküste zu genießen.

C. Nationalpark, Plitvicer Seen, Kroatien.

Der Nationalpark Plitvicer Seen, bekannt für seine fließenden Wasserfälle und strahlend blauen Seen, ist ein Muss für Naturliebhaber. Das Netzwerk aus Holz, Straßen und Brücken des Parks ermöglicht es Besuchern, die üppigen Wälder und kristallklaren Seen zu erkunden. Es handelt sich um einen der ältesten und größten Nationalparks Kroatiens, der jedes Jahr Millionen von Touristen anzieht.

d.Die albanische Riviera

Die Küste Albaniens ist im Vergleich zu ihren Nachbarn noch relativ unbekannt, obwohl sie über einige der schönsten und saubersten Strände der Gegend verfügt. Dhermi, Jale und Ksamil sind tolle Orte zum Ausruhen am Meer, während der

benachbarte Llogara-Pass einen Panoramablick auf das Ionische Meer bietet.
2. Tauchen Sie ein in die reiche Geschichte und Kultur. Erkunden Sie die Altstadt von Dubrovnik, Kroatien.
Dubrovnik, auch „Perle der Adria" genannt, gehört zum UNESCO-Weltkulturerbe und ist für seine gut erhaltenen mittelalterlichen Befestigungsanlagen und antiken Gebäude bekannt. Spazieren Sie um die Verteidigungsmauern der Stadt herum, besichtigen Sie den Rektorenpalast oder fahren Sie mit der Seilbahn, um einen Panoramablick auf die Stadt und die Küste zu genießen. Die Altstadt der Stadt ist ein lebendiges Museum für Geschichte und Kultur mit Kopfsteinpflasterstraßen, Kirchen und Museen.
B. Erkunden Sie die antiken Ruinen von Philippi (Griechenland).
Für Geschichtsinteressierte ist ein Besuch der antiken Stadt Philippi, die zum UNESCO-Weltkulturerbe in Nordgriechenland gehört, ein Muss. Der im vierten Jahrhundert v. Chr. gegründete Ort verfügt über ein spektakuläres Theater, frühchristliche Basiliken und die Überreste der Stadtmauer. Philippi ist auch aus religiöser Sicht von Bedeutung, da sich hier eine der frühesten christlichen Kirchen Europas befindet, die von Apostel Paulus gegründet wurde.
C. Die Kalemegdan-Festung in Belgrad, Serbien.

Eine der bemerkenswertesten Sehenswürdigkeiten Belgrads ist die Festung Kalemegdan, die Geschichte und Kultur vereint. Die an den Ufern der Donau und Save erbaute Festung bietet atemberaubende Ausblicke auf die Stadt. Im Inneren können Touristen Museen, ein Observatorium und Ruinen römischer, osmanischer und österreichischer Militärgebäude erkunden.

D. Die historischen Klöster von Meteora, Griechenland.

Meteora ist bekannt für seine prächtigen Klöster auf riesigen Felsformationen in Zentralgriechenland. Diese zwischen dem 14. und 16. Jahrhundert gegründeten Klöster sind noch heute in Betrieb und bieten ein einzigartiges spirituelles und historisches Erlebnis. Der Besuch der Klöster bedeutet einen malerischen Spaziergang durch die Region mit atemberaubenden Ausblicken auf die umliegende Landschaft.

3. Entdecken Sie einzigartige Traditionen und Feste:

a. Sarajevo Film Festival (Bosnien und Herzegowina)

Das Sarajevo Film Festival, eine der bedeutendsten Kulturveranstaltungen der Region, bringt Filmemacher, Prominente und Cineasten aus der ganzen Welt zusammen. Das jährlich im August stattfindende Festival bietet eine breite Palette an Filmen, von großen Blockbustern bis hin zu unabhängigen Produktionen, mit besonderem

Schwerpunkt auf Filmen aus dem Balkan und Osteuropa. Wenn Sie an dieser Veranstaltung teilnehmen, können Sie die besondere Vitalität und den Einfallsreichtum der Region erleben.

B. Die Sinjska Alka, Kroatien.

Die Sinjska Alka ist ein jahrhundertealter Reiterwettbewerb, der am ersten Sonntag im August in Sinj, Kroatien, stattfindet. Es feiert den Triumph gegen das Osmanische Reich im Jahr 1715. Während der Veranstaltung versuchen in traditioneller Kleidung gekleidete Reiter einen Metallring aufspießen, während sie über den Stadtplatz galoppieren. Die Veranstaltung ist eine faszinierende Kombination aus Geschichte, Kultur und Spektakel.

C. Das Guca-Trompetenfestival, Serbien.

Für Musikbegeisterte ist das Guca-Trompetenfestival in Serbien ein unvergessliches Erlebnis. Diese jährlich in Guca stattfindende Veranstaltung stellt die serbische Blasmusik mit Auftritten einheimischer und ausländischer Bands in den Mittelpunkt. Die Straßen von Guca werden mit der Musik von Trompeten, Tuben und Trommeln zum Leben erweckt, und Touristen können traditionelle serbische Küche und Getränke probieren.

4. Gönnen Sie sich kulinarische Köstlichkeiten.

A. Genießen Sie traditionelle Balkanküche

Der Balkan ist ein gastronomischer Leckerbissen mit einer Vielzahl mediterraner, osmanischer und slawischer Einflüsse. Einige beliebte Speisen sind Cevapi (gegrilltes Schweinefleisch), Sarma (Kohlrouladen), Burek (herzhaftes Gebäck) und Baklava (süßes Gebäck). Der Verzehr dieser Mahlzeiten in lokalen Restaurants oder an Straßen Imbissständen ist ein wesentlicher Bestandteil des Balkan-Erlebnisses.

B. Weinprobe in Bulgarien und Mazedonien.

Der Balkan ist die Heimat einiger der ältesten Weinbau Traditionen Europas und Länder wie Bulgarien und Mazedonien bieten herausragende Weinproben Erlebnisse. Besuchen Sie bedeutende Weinberge im Thrakischen Tal oder im Weingebiet Tikves, um lokale Weine gepaart mit traditionellen Gerichten zu probieren.

C. Trinken Sie türkischen Kaffee in Istanbul.

Obwohl Istanbul offiziell sowohl in Europa als auch in Asien liegt, kann der kulturelle Ursprung Istanbuls auf dem Balkan nicht geleugnet werden. Eine Tasse authentischer türkischer Kaffee in einem der alten Cafés der Stadt ist ein Muss. Genießen Sie Ihren Kaffee, während Sie die Aussicht auf den Bosporus bewundern und die verwinkelten Gassen der Stadt erkunden.

5. Entspannen Sie sich und erholen Sie sich bei einem Bad in den Thermalquellen von Banja Luka (Bosnien und Herzegowina).

Banja Luka, bekannt für seine natürliche Schönheit und seine angenehmen Thermalbäder, ist eine ausgezeichnete Wahl für Menschen, die sich entspannen möchten. Die Thermalquellen der Stadt sind für ihre therapeutischen Eigenschaften bekannt und Touristen können sich inmitten der wunderschönen Natur einer Vielzahl von Spa-Behandlungen hingeben.

B. Strände von Budva, Montenegro.

Budva, Montenegros beliebteste Küstenstadt, ist ideal für einen entspannten Strandurlaub. Die malerische Altstadt, das aktive Nachtleben und die Sandstrände von Budva machen es zum idealen Reiseziel für Freizeit und Vergnügen. Verbringen Sie den Tag entspannt am Strand, schwimmen Sie in der Adria oder erkunden Sie die historischen Stätten der Stadt.

Abschluss

Der Balkan bietet eine erstaunliche Reise durch natürliche Schönheit, reiche Geschichte und lebendige Kultur.

Outdoor-Aktivitäten auf dem Balkan

Der Balkan, ein Gebiet, das für seine vielfältigen Landschaften bekannt ist, bietet eine große Auswahl an Outdoor-Aktivitäten für alle Arten von Touristen. Von rauen Bergen und wunderschönen Seen bis hin zur Küste , Schönheiten und historischen Relikten ist diese Gegend ideal für Naturliebhaber und Abenteuer-Suchende.

Wandern und Trekking sind beliebte Outdoor-Aktivitäten für Abenteuerlustige. Das Balkangebirge, das sich über Bulgarien und Serbien erstreckt, bietet spektakuläre Wanderwege mit unterschiedlichen Schwierigkeitsgraden. Besonders hervorzuheben ist das Rila-Gebirge, zu dem das zum UNESCO-Weltkulturerbe gehörende Rila-Kloster und einige der höchsten Gipfel Bulgariens gehören. Die Julischen Alpen in Slowenien sind ideal für Besucher, die eine atemberaubende alpine Landschaft suchen. Der Triglav-Nationalpark bietet eine Vielzahl von Wanderwegen. Albaniens verfluchte Berge (Prokletije) bieten unvergessliche Wandererlebnisse mit einem Gefühl der Abgeschiedenheit und einer atemberaubenden Landschaft.

Für Wassersportler sind die Seen und Flüsse der Region genau das Richtige. Der Ohridsee, den sich Nord Mazedonien und Albanien teilen, ist nicht nur

161

ein UNESCO-Weltkulturerbe, sondern auch ein beliebtes Ziel zum Schwimmen, Kajakfahren und für Bootsfahrten. Der Fluss Tara in Montenegro bietet mit seiner tiefen Schlucht und dem reinen Wasser einige der großartigsten Wildwasser-Rafting-Erlebnisse Europas und lockt Rafting-Enthusiasten aus der ganzen Welt an. Darüber hinaus eignet sich die Adriaküste Kroatiens ideal zum Segeln und Schnorcheln im kristallklaren Meer.

Auch Radfahren wird in der Region immer beliebter, denn wunderschöne Routen wie die Via Dinarica verbinden mehrere Länder und führen durch atemberaubende Landschaften, mittelalterliche Dörfer und archäologische Stätten.

Auch der Balkan bietet spektakuläre Winteraktivitäten, insbesondere in Bulgarien, Rumänien, Bosnien und Herzegowina, wo Skigebiete wie Bansko und Jahorina hervorragende Einrichtungen bieten.

Für ein entspannteres Outdoor-Erlebnis bieten die Nationalparks von Montenegro, Serbien und Kroatien ruhige Orte zum Beobachten von Tieren und Wandern. Naturliebhaber werden von der natürlichen Pracht der Region begeistert sein, zu der auch Bärenbeobachtungen im Durmitor-Nationalpark und Vogelbeobachtungen in den kroatischen Plitvicer Seen gehören.

Wander-, Wassersport- und Abenteuertouren

Der Balkan bietet eine breite Palette an Outdoor-Aktivitäten, von felsigen Bergen bis hin zu kristallklaren Ozeanen. Hier finden Sie eine Liste der besten Wanderrouten, Wassersportarten und Abenteuerausflüge in der Region:

Top-Wanderwege.

Nationalpark Triglav, Slowenien.

Wandern Sie auf den höchsten Gipfel Sloweniens, den Berg Triglav, und genießen Sie die atemberaubende Aussicht auf die Julischen Alpen. Der Park verfügt über eine Vielzahl von Wegen für verschiedene Leistungsniveaus.

Rila-Gebirge (Bulgarien)

Diese für ihre Sieben Rila-Seen bekannte Wanderung gehört zu den schönsten auf dem Balkan. Die Straße führt durch kristallklare Gletscherseen, umgeben von schroffen Hügeln.

Durmitor-Nationalpark, Montenegro.

Durmitor, ein UNESCO-Weltkulturerbe mit atemberaubenden Bergen, Tälern und tiefen Schluchten, bietet mittelschwere bis schwierige Wanderungen, einschließlich des bekannten Gipfels Bobotov Kuk.

Nationalpark Kopaonik, Serbien.

Das Kopaonik-Gebirge bietet das ganze Jahr über Wandermöglichkeiten, darunter einfache Wege und anspruchsvolle Gipfel wie den Pančić-Gipfel mit atemberaubenden Ausblicken und einer reichen Flora und Tierwelt.

Velebit-Gebirge, Kroatien.

Das Velebit-Gebirge verfügt über verschiedene gut ausgebaute Wanderwege, insbesondere durch die Nationalparks Nördlicher Velebit und Paklenica, die ideal für Naturliebhaber und erfahrene Wanderer sind.

Wassersport und Aktivitäten

Kajak- und Kanufahren im Ohridsee (In Mazedonien)

Erkunden Sie den Ohridsee, Europas ältesten und tiefsten See, mit dem Kajak oder Kanu. Die benachbarten Berge und kleinen Strände sorgen für eine ruhige und malerische Umgebung.

Windsurfen in der Bucht von Kotor, Montenegro.

Der Hafen von Kotor ist ideal zum Windsurfen, mit konstanten Winden und klarem Meer, umgeben von hohen Bergen.

Rafting auf dem Fluss Tara (Montenegro/Bosnien und Herzegowina).

Der Fluss Tara, manchmal auch als „Träne Europas" bekannt, bietet aufregende Rafting-Ausflüge durch atemberaubende Schluchten in Montenegro, Bosnien und Herzegowina.

Die kroatische Adriaküste bietet hervorragende Tauchmöglichkeiten, insbesondere in Mljet und Hvar. Erkunden Sie Unterwasserhöhlen, Schiffswracks und vielfältige Meereslebewesen.

Segeln auf den kroatischen Inseln

Chartern Sie ein Boot, um die atemberaubenden kroatischen Inseln Korčula, Hvar und Vis zu erkunden, die für ihr kristallklares Meer und ihre atemberaubenden Landschaften bekannt sind.

Geführte Abenteuertouren

Geführte Wanderung in den verfluchten Bergen (Albanien/Montenegro).

Diese schroffen Berge bieten einige der einsamsten und malerischsten Wanderungen auf dem Balkan. Geführte Ausflüge sind eine hervorragende Möglichkeit, die verborgenen Schönheiten der Region zu entdecken.

Zip-Lining im Durmitor-Nationalpark, Montenegro.

Für einen Adrenalinschub probieren Sie die Seilrutsche am Durmitor aus, die Ihnen eine spektakuläre Aussicht auf die Schlucht bietet, während Sie über den Fluss Tara fliegen.

Kultur- und Abenteuertouren in Sarajevo, Bosnien und Herzegowina.

Eine geführte Reise in Sarajevo verbindet Geschichte und Action, einschließlich Stadtausflügen und angrenzenden Aktivitäten wie Canyoning, Seilrutsche und Rafting.

Reiten im Rila-Gebirge (Bulgarien).

Erkunden Sie Bulgariens atemberaubende Berge zu Pferd bei geführten Reitausflügen, die eine einzigartige Möglichkeit bieten, die Natur zu erleben.

Multisport-Abenteuertouren in den Julischen Alpen, Slowenien

Diese Programme umfassen Wandern, Mountainbiken und Wassersport und bieten eine ideale Mischung aus Action für Outdoor-Liebhaber.

Egal, ob Sie ein erfahrener Abenteurer oder ein Neuling sind, der die wunderschönen Landschaften des Balkans entdecken möchte, diese Aktivitäten werden ein fantastisches Erlebnis sein.

Nachtleben auf dem Balkan, Entspannung

Der Balkan verfügt über ein abwechslungsreiches und aktives Nachtleben, das alle Vorlieben anspricht, von lauten Clubs bis hin zu ruhigen Freizeitorten. Städte wie Belgrad, Zagreb und Sarajevo sind bei Erst Touristen beliebt, die auf der Suche nach einem tollen Abend sind.

Belgrad, bekannt als „Partyhauptstadt" des Balkans, verfügt über ein lebhaftes und vielfältiges Nachtleben. Die berühmten schwimmenden Fluss Clubs oder „Slavs" der Stadt bieten ein einzigartiges Erlebnis, bei dem Menschen auf Booten, die am Flussufer vor Anker liegen, zu Live-Musik oder DJ-Sets tanzen. Die Begeisterung ist deutlich zu spüren, sowohl Bewohner als auch Besucher genießen den Abend. Wenn Sie eine entspannte Atmosphäre bevorzugen, bietet das Künstlerviertel von Skadarlija eine Mischung aus traditionellen Pubs und Cafés mit Live-Musik, was es perfekt für alle macht, die bei einem Drink in die reiche kulturelle Vergangenheit der Stadt eintauchen möchten.

Sarajevo hingegen verbindet zeitgenössisches Nachtleben mit osmanischen Merkmalen. Live-Auftritte finden oft in Bars, Cafés und Restaurants statt und das Nachtleben ist intim und spiegelt die angenehme Atmosphäre der Stadt wider. Für ruhige Abende bietet das malerische Viertel Baščaršija mit seinen Kopfsteinpflaster Gassen eine wunderbare Umgebung für Abendspaziergänge, gefolgt von einem klassischen bosnischen Kaffee in einem der zahlreichen Cafés.

Der Balkan hat nach einem erlebnisreichen Tag viel Freizeit zu bieten. In Montenegro ist die Strand Stadt Kotor ideal zum Entspannen. Eingebettet zwischen Bergen und Meer bietet es ruhige Cafés und malerische Orte, an denen Sie die mediterrane Umgebung genießen können. Alternativ sind die Thermalbäder von Băile Tușnadîn in Rumänien und Bankya in Bulgarien ideal für Personen, die in natürlichen heißen Quellen inmitten einer wunderschönen Umgebung entspannen möchten.

Egal, ob Sie in Belgrad bis zum Morgengrauen tanzen oder einen ruhigen Abend an der Adria verbringen, der Balkan bietet eine Balance aus Aufregung und Ruhe, die eine großartige Reise garantiert.

Bars, Clubs und Live-Musik

Der Balkan verfügt über eine abwechslungsreiche und dynamische Nachtleben Kultur mit schicken Pubs, lebhaften Clubs und hervorragenden Veranstaltungsorten für Live-Musik, die für Partygänger und Musikbegeisterte aller Art geeignet sind. Jedes Land in der Region hat seinen eigenen Stil und sein eigenes Flair, wenn es um das Nachtleben geht, was es zu einem interessanten Reiseziel für diejenigen macht, die auf der Suche nach einem unvergesslichen Abend sind.

Bars auf dem Balkan sind für ihre lockere und einladende Atmosphäre bekannt. Viele servieren eine Auswahl an lokalen Weinen, Cocktails und Craft-Bier. Die Bars in Belgrad (Serbien) und Zagreb (Kroatien) reichen von eleganten Dachterrassen bis hin zu urigen, dunkel beleuchteten Kneipen. Diese Bars eignen sich hervorragend zum Entspannen mit Freunden oder zum Kennenlernen neuer Leute, da sie gute Cocktails anbieten und eine entspannte Atmosphäre haben.

Für diejenigen, die ein energiegeladenes Erlebnis suchen, sind die Clubs auf dem Balkan zu den besten in Europa zu empfehlen. Belgrad, auch das „Berlin des Balkans" genannt, ist bekannt für seine erstklassige elektronische Musik. Zu den beliebten schwimmenden Nachtclubs auf der Donau gehören Splav und 25th Hour, die eine Mischung aus lokalen und internationalen DJs bieten. In Sarajevo ziehen Clubs wie Sloga sowohl Einheimische als auch Ausländer an, die die Nacht zu den neuesten Liedern durchtanzen möchten.

Für diejenigen, die Live-Musik lieben, bietet der Balkan ein vielfältiges kulturelles Erlebnis mit Veranstaltungsorten von Jazz über Folk und Rock bis hin zu modernen Blockbustern. In Bukarest, Rumänien, gibt es eine Vielzahl von Veranstaltungsorten für Live-Musik, darunter den Control Club, in dem regelmäßig lokale und internationale Künstler auftreten. In Zagreb präsentiert die "Tunica" Kulturveranstaltungen von Indie bis hin zu alternativer Musik.

Neben dem lebhaften Nachtleben gibt es auf dem Balkan auch Spaß, Strände und malerische

169

Gegenden, die für einen idealen Mittags Urlaub sorgen. Die Adriaküste ist übersät mit wunderschönen Stränden, wie zum Beispiel Zlatni Rat in Kroatien, die sich ideal zum Sonnenbaden und Entspannen eignen. Budva, Montenegro, ist ein beliebtes Reiseziel mit wunderschönen Stränden und beliebten Ferienorten. Serbien und Bulgarien bieten entspannende Kurorte wie Vrnjačka Banja, das für seine Thermalquellen bekannt ist. Für atemberaubende Ausblicke bieten Reiseziele wie der Bleder See in Slowenien herrliche Kulissen, die sich perfekt zum Wandern oder einfach nur zum Entspannen eignen.

KAPITEL ACHT

Lokale Küche und Einkaufsmöglichkeiten auf dem Balkan

Der Balkan ist ein historisch und kulturell reiches Gebiet, was sich in seinen robusten kulinarischen Traditionen und einzigartigen Einkaufserlebnissen widerspiegelt. Dieses Kapitel lädt Besucher dazu ein, die reiche Küchenkultur und die aktive lokale Wirtschaft der Region zu entdecken, von leckeren Gerichten, die von mediterranen, osmanischen und slawischen Geschmacksrichtungen inspiriert sind, bis hin zu belebten Marktplätzen, auf denen Kunsthandwerk Waren verkauft werden. Ganz gleich, ob Sie zum ersten Mal hier sind oder ein erfahrener Tourist: Tauchen Sie ein in die einzigartigen Aromen und Eindrücke des Balkans und erfahren Sie mehr über die besten Orte, an denen Sie lokale Schätze kaufen können.

Die lokale Küche des Balkans ist ein Schmelztiegel der Aromen.
Serbien, Kroatien, Bosnien und Herzegowina, Albanien, Montenegro, Nord Mazedonien und Bulgarien teilen eine Küche, die so vielfältig ist wie ihre Menschen. Die Küche der Region spiegelt eine jahrhundertealte Geschichte mit Einflüssen aus

171

mediterranen, nahöstlichen, türkischen und osteuropäischen Traditionen wider. Hier sind einige wichtige Elemente der Balkanküche:

1. Fleischgerichte.

Die Balkanküche ist für ihre reichhaltigen Fleischgerichte bekannt, zu denen häufig Rinder, Schweine, Lamm und Hühnchen gehören. Gegrilltes Fleisch ist sehr beliebt und mehrere Orte sind für ihre Grillküche bekannt.

Ćevapi (Kebabs): Ćevapi sind kleine Hackfleisch Würste aus Rind- oder Lammfleisch, eine Delikatesse, die man unbedingt probieren muss. Sie werden perfekt gegrillt und üblicherweise mit Fladenbrot (Somun) und rohen Zwiebeln gegessen. Dieses Gericht findet man auf dem gesamten Balkan, insbesondere in Serbien, Bosnien und Herzegowina.

Sarma: Diese Mahlzeit besteht aus Hackfleisch (manchmal kombiniert mit Reis), das in Sauerkohl Blätter eingewickelt und in einer würzigen Brühe gekocht wird. Es ist ein beliebtes Wohlfühlessen in Bosnien und Serbien.

Pasticada: Pasticada, ein kroatisches Gericht, ist langsam gegartes Rindfleisch, mariniert in Rotwein und serviert mit Kräutern und Gemüse. Es wird normalerweise mit Gnocchi oder Kartoffelpüree serviert.

2. Frisches, aromatisches Gemüse und Salate.

Gemüse ist ein Grundnahrungsmittel der Balkanküche und wird üblicherweise mit frischen Kräutern, Olivenöl und regionalen Gewürzen serviert. Die mediterrane Umgebung ermöglicht eine Fülle an frischem Gemüse, was zum reichhaltigen und hellen Geschmack der Region beiträgt.

Shopska-Salat: Dieser köstliche Salat ist ein bulgarischer Favorit, bestehend aus Tomaten, Gurken, Zwiebeln und Paprika und garniert mit zerkrümelten Weißkäse (ähnlich Feta).

Burek: Burek, ein mit Fleisch, Käse oder Spinat gefülltes Blätterteiggebäck, ist auf dem Balkan weit verbreitet, insbesondere in Bosnien und Nord Mazedonien.

Ajvar: Ein Aufstrich auf der Basis von rotem Pfeffer, der in vielen Balkanländern eine beliebte Beilage oder Würze ist. Es wird normalerweise mit gegrilltem Fleisch, Brot oder Käse serviert.

3. Süße Leckereien.

Auf dem Balkan gibt es auch eine Vielzahl wunderbarer Süßigkeiten, die häufig mit Nüssen, Honig und Sirup zubereitet werden und einem herzhaften Abendessen einen süßen Abschluss verleihen.

Baklava: Obwohl ursprünglich türkisch, ist Baklava auf dem gesamten Balkan beliebt. Schichten aus Filoteig, gefüllt mit Walnüssen und gesüßt mit Honig oder Sirup, ergeben ein reichhaltiges und dekadentes Dessert.

Tufahija ist eine bosnische Delikatesse, die hergestellt wird, indem Äpfel mit Walnüssen, Zucker und Zimt gefüllt, dann in Sirup pochiert und kühl serviert werden.

4. Traditionelle Getränke.

Balkangetränke sind ein wichtiger Bestandteil der kulinarischen Tradition der Region und bieten sowohl alkoholische als auch alkoholfreie Alternativen, die den Geschmack der Mahlzeiten ergänzen.

Rakija ist ein Obstbrand, der als Nationalgetränk des Balkans gilt. Rakija, zubereitet aus Pflaumen, Weintrauben oder anderen Früchten, wird oft zu Hause hergestellt und als geselliges Getränk oder vor dem Essen getrunken.

Türkischer Kaffee: Obwohl er seinen Ursprung im Osmanischen Reich hat, bleibt türkischer Kaffee ein wesentlicher Bestandteil der täglichen Routine in der Region und wird üblicherweise nach dem Essen mit einem Stück Lokum (türkisches Vergnügen) serviert.

Boza ist ein süßes, fermentiertes Gerstengetränk, das in Bulgarien und der Türkei beliebt ist. Es wird normalerweise kalt serviert und hat einen moderaten Alkoholgehalt.

Einkaufen auf dem Balkan: Souvenirs und lokaler Markt

Einkaufen auf dem Balkan ist ein Erlebnis für sich. Die Marktplätze der Region sind voll von einzigartigem Kunsthandwerk, handwerklichen Produkten und Souvenirs, die die Kulturgeschichte jedes Landes feiern.

Hier sind einige Reiseziele, die Käufer unbedingt besuchen sollten:

1. Lokale Märkte.

Die Erkundung der Marktplätze des Balkans ist ein fester Bestandteil jedes Urlaubs. Sie sind mehr als nur Orte zum Kauf von Produkten; Es sind lebendige, farbenfrohe Veranstaltungsorte, die die lokale Lebensart widerspiegeln.

Grüner Markt (Zeleni Pazar) in Skopje, Nord-Mazedonien: Ein lebhafter Markt, auf dem frisches Gemüse, Gewürze, lokale Käsesorten und handgefertigte Produkte verkauft werden. Hier können Sie die Geschmäcker und Düfte der Region genießen.

Baščaršija in Sarajevo, Bosnien und Herzegowina: Ein historischer Marktsektor im Zentrum von Sarajevo, der handgefertigte Gegenstände, traditionellen Schmuck und Souvenirs verkauft. Die Kopfsteinpflaster Wege sind gesäumt von Geschäften, die Kupferwaren, Textilien und Lederwaren anbieten.

Markale-Markt in Sarajevo: Dieser Markt ist für sein lebhaftes kulinarisches Angebot bekannt und daher ein ausgezeichneter Ort, um lokalen Käse, Trockenfleisch, Honig und frisches Obst zu kaufen.

2. Lokales Kunsthandwerk

Auf dem Balkan gibt es eine vielfältige Auswahl an traditionellem Kunsthandwerk, das sich ideal als Erinnerungsstück eignet. Jede Nation hat ihr eigenes Flair, das von filigraner Holzverarbeitung bis hin zu farbenfrohen Stoffen reicht.

Filigraner Schmuck: Bosnien und Herzegowina ist berühmt für seinen exquisiten filigranen Schmuck, der aus winzigen Silber-Strängen besteht, die zu wunderschönen Mustern gedreht sind. Daraus ergeben sich wunderbare, einzigartige Geschenke.

Keramik: Wunderschöne handbemalte Keramik wie Teller, Tassen und Ziergegenstände gibt es in Serbien und Kroatien.

Der Balkan ist bekannt für seine traditionell gewebten Textilien, zu denen Wolldecken, Teppiche und Schals gehören. Die Designs und Farben repräsentieren oft lokale Bräuche und Geschichten.

3. Essens- und Getränke Souvenirs.

Für Feinschmecker gibt es zahlreiche lokale Waren, die sie als Souvenirs mit nach Hause nehmen können, sodass sie den Geschmack des Balkans mit nach Hause nehmen können.

Olivenöl und Kräuter: Aufgrund des mediterranen Einflusses auf dem Balkan gibt es reichlich hochwertiges Olivenöl, insbesondere in Griechenland,

Kroatien und Albanien. Lokale Kräuter wie Thymian, Oregano und Rosmarin werden typischerweise in bunten Tüten oder Gläsern verkauft.

Hausgemachter Rakija: Viele Balkanländer sind für ihren hausgemachten Obstbrand bekannt, der sich hervorragend als Andenken eignet. Stellen Sie sicher, dass Sie sie in attraktiven Flaschen erhalten, um ein zusätzliches Gefühl von Authentizität zu erzielen.

4. Antiquitätenläden und Kunstgalerien

Der Balkan ist auch reich an Kunst und Geschichte, Antiquitätenläden und Kunstgalerien bieten raffiniertere Souvenirs an.

Antiquitätengeschäfte in Belgrad, Serbien: Die Antiquitäten Industrie in Belgrad floriert mit Vintage-Möbeln, antiken Karten und Gegenständen aus der Sowjetzeit.

Kunstgalerien in Dubrovnik, Kroatien: Dubrovnik, bekannt für seine prächtige Altstadt, verfügt über eine Vielzahl von Galerien, die Werke lokaler Künstler ausstellen, die von traditionell bis modern reichen.

Must-See-Orte für Feinschmecker und Shopper

Für diejenigen, die eine Mischung aus Gastronomie- und Einkaufserlebnissen wünschen, sind hier einige Reiseziele, die man gesehen haben muss:

Belgrad, Serbien: Belgrad ist bekannt für seine lebhafte Café-Kultur und geschäftige Märkte und verfügt über eine ausgezeichnete Gastronomieszene sowie eine vielfältige Auswahl an Einkaufsmöglichkeiten, darunter moderne Boutiquen und traditionelle Kunsthandwerksläden.

Split, Kroatien: Eine Küstenstadt mit einer Mischung aus mediterraner und balkanischer Küche sowie geschäftigen Marktplätzen, auf denen Sie alles von frischem Gemüse bis hin zu handgefertigten Waren kaufen können.

Zagreb, Kroatien: Zagreb ist eine malerische Stadt mit einer langen Geschichte und verfügt über verschiedene Lebensmittelmärkte und Antiquitätengeschäfte sowie eine starke Künstlergemeinschaft. Der Dolac-Markt bietet frische Produkte und handgefertigte Artikel.

Abschluss

Der Balkan lockt Touristen nicht nur mit historischen Stätten und Naturschönheiten, sondern auch mit einer blühenden Küchenkultur und einzigartigen Einkaufserlebnissen.

Traditionelle Gerichte, die Sie nicht verpassen sollten

Der Balkan ist ein Gebiet voller Geschichte, Kultur und kulinarischem Erbe mit einer vielfältigen Auswahl an köstlichen Köstlichkeiten, die jeder Tourist probieren sollte. Von gegrilltem Fleisch bis hin zu kräftigen Eintöpfen sind dies einige klassische Lebensmittel, die Sie nicht auslassen sollten.

Ćevapi, ein gegrilltes Hackfleischgericht, ist ein Balkan-Klassiker, vor allem in Bosnien, Serbien und Nord Mazedonien. Cevapi, serviert mit Fladenbrot, Zwiebeln und cremigem Kajmak, ist ein köstliches Abendessen, das die Begeisterung der Region für gegrilltes Fleisch verkörpert. Die größten Variationen gibt es in örtlichen Grill, Restaurants und Restaurants namens ćevabdžinica.

Sarma ist eine beliebte Mahlzeit in Serbien, Kroatien und Bulgarien. Sie besteht aus Hackfleisch (normalerweise Schwein oder Rind), eingewickelt in fermentierte Kohlblätter und langsam gegart in einer reichhaltigen Tomatensauce. Es wird oft in den Wintermonaten und bei Feiertagen Treffen serviert, mit einem Klecks Sauerrahm obendrauf für zusätzliche Reichhaltigkeit. Jedes Land hat seine eigene Interpretation mit regionalen Unterschieden in der Würze und den Beilagen.

Burek: Burek ist ein köstliches, mit Fleisch, Käse oder Spinat gefülltes Gebäck und ein Grundnahrungsmittel auf dem Balkan, das in Bosnien, der Türkei und Albanien zu finden ist. Die flockige, goldbraune Kruste besteht oft aus dünnen Teigschichten, die Füllung wird häufig mit Kräutern gewürzt und mit Joghurt als Beilage serviert. Burek

179

kann in Bäckereien oder Restaurants gegessen werden, wo es frisch und warm serviert wird.

Ajvar: Dieses leuchtend rote Paprika-Relish ist ein Balkan-Gewürz, das gut zu gegrilltem Fleisch und Brot passt. Ajvar stammt ursprünglich aus Mazedonien und wird mit gerösteten roten Paprika, Knoblauch und Öl zubereitet. Sein rauchiger Geschmack verleiht jedem Gericht genau die richtige Würze.

Wenn Sie den Balkan besuchen, suchen Sie auf lokalen Märkten und in kleinen, familiengeführten Restaurants nach den authentischsten Versionen dieser Lebensmittel. Jede Kultur hat ihre eigene Note und macht jede Mahlzeit zu einem einzigartigen Erlebnis.

Streetfood und Spezialitäten.

Die Straßenküche auf dem Balkan ist eine faszinierende Möglichkeit, die vielen kulinarischen Traditionen der Region zu entdecken. Jede Balkanstadt hat ihr eigenes Angebot an Fastfood und Spezialitäten, die oft von jahrhundertelanger osmanischer, mediterraner und osteuropäischer Küche inspiriert sind. Hier finden Sie einige der beliebtesten und unverzichtbarsten Streetfood-Erlebnisse in der Gegend.

Pljeskavica ist ein traditioneller Straßen Snack auf dem Balkan. Dieses köstliche Burger ähnliches Essen besteht aus einem gewürzten Hackfleisch Pastetchen, das oft aus Rind-, Schweine- oder Lammfleisch hergestellt wird. Es wird normalerweise mit frischem Gemüse, Käse oder Ajvar (einem Gewürz auf Pulverbasis) gegessen. Pljeskavica ist möglicherweise an fast jedem Imbissstand erhältlich, insbesondere in Serbien, wo es oft mit traditionellem Fladenbrot oder Pita serviert wird.

Burek, ein weiteres beliebtes Gericht, ist ein mit Fleisch, Käse oder Spinat gefülltes Blätterteiggebäck. Dieser geschmackvolle Snack ist ideal für einen schnellen Snack während einer Tour durch die Straßen von Städten wie Belgrad und Sarajevo. Burek wird häufig mit einem Klecks Joghurt oder einem Beilagensalat serviert und ist somit eine komplette Mahlzeit.

In Sarajevo sind Cevapi, kleine gegrillte Würstchen aus Hackfleisch, ein Straßen Gericht, das man unbedingt probieren muss. ćevapi, serviert auf weichen Brötchen mit Zwiebeln und Kajmak (einem cremigen Milch Aufstrich), sind ein Muss, wenn Sie durch die gepflasterten Gassen von Baščaršija schlendern.

Tavče Gravče, ein typisch mazedonisches Gericht mit gebackenen Bohnen, das mit lokalen Brot gegessen wird, ist ein Muss in Skopje. Sowohl Einheimische als

auch Touristen schätzen dieses reichhaltige und wohltuende Straßenessen.
Die Straßenküche des Balkans, einschließlich schneller Snacks wie Pljeskavica und regionalen Spezialitäten wie Börek und ćevapi, vermittelt ein echtes Gefühl für die Gegend. Diese herzhaften Köstlichkeiten, egal ob Sie sie auf den belebten Straßen von Belgrad, Sarajevo oder Skopje finden, vermitteln Ihnen ein echtes Gefühl für die Kultur des Balkans.

Top-Restaurants, lokale Favoriten und beliebte Cafés auf dem Balkan

Der Balkan bietet ein vielfältiges gastronomisches Erlebnis mit Einflüssen aus Osteuropa, dem Mittelmeerraum und dem Osmanischen Reich. Egal, ob Sie klassische Komfortküche bevorzugen oder lieber gehobene Küche bevorzugen, die Gegend bietet eine große Auswahl an gastronomischen Alternativen. Hier sind einige Reiseziele, die man gesehen haben muss.

1. Lokale Favoriten: Die authentische Balkanküche ist bei den Einheimischen bekannt. In Sarajevo serviert Avlija in einer angenehmen, rustikalen Umgebung herzhafte bosnische Küche wie Cevapi (gegrilltes Schweinefleisch) und Burek (herzhaftes

Gebäck). Der Balkan Grill in Belgrad ist auch wegen seines köstlichen Grill Fleisches und seiner Beilagen ein Muss.

Konoba Mate in Split, Kroatien, bietet ein einzigartiges lokales Erlebnis und serviert fangfrischen Fisch mit mediterranem Touch. Verpassen Sie nicht den gegrillten Oktopus oder das typische schwarze Risotto mit Tintenfisch.

2. Versteckte Schätze:

Für diejenigen, die etwas abseits der Hauptstraße suchen, ist der Balkan voller versteckter Juwelen. Taverna de la Casa in Tirana, Albanien, ist ein uriges und bescheidenes Restaurant abseits der großen Touristenattraktionen. Das Restaurant bietet traditionelle albanische Gerichte, darunter das beliebte Fërgesë (ein reichhaltiges Gericht aus Paprika, Tomaten und Käse).

Stari Tisler im Zentrum von Ljubljana, Slowenien, ist ein verstecktes Juwel, in dem Sie regionale slowenische Weine zusammen mit kleinen Gerichten wie Zlikrofi (Knödel) probieren können. Die kleine Umgebung ist ideal für einen ruhigen Abend.

3. Beliebte Cafés: Cafés sind ein wichtiger Bestandteil der Balkankultur und bieten einen Gemeinschaftsbereich zum Entspannen und Kaffeetrinken. Torte ist ein beliebtes Café und Dessert Geschäft in Zagreb. Kremšnita

(Pudding-Sahne-Torte) ist eine beliebte lokale Delikatesse.

In Belgrad ist die Cafeteria für ihre entspannte Atmosphäre und ihre köstlichen Espresso Getränke bekannt. Es ist eine tolle Gegend, um Leute zu beobachten und dabei eine köstliche Tasse Kaffee zu genießen.

Von urigen, ländlichen Orten bis hin zu eleganten, anspruchsvollen Restaurants bietet der Balkan eine vielfältige Auswahl an kulinarischen Erlebnissen, die die reiche kulinarische Tradition der Region unterstreichen. Egal, ob Sie ein Feinschmecker oder ein Gelegenheits-Gast sind, diese Top-Restaurants, lokalen Favoriten und berühmten Cafés garantieren hervorragende Mahlzeiten.

Lokale Märkte und einzigartige Souvenirs

Lokale Märkte sind florierende Orte, die ein umfassendes Verständnis der Kultur, Küche und Bräuche einer Region vermitteln. Traditionelle Märkte auf dem Balkan sind mehr als nur Orte zum Einkaufen; sie sind auch Orte, an denen man in die lokale Kultur eintauchen kann. Von geschäftigen Straßenverkäufern bis hin zu winzigen Indoor-Märkten – diese Orte sind erfüllt vom Duft frischer Früchte, den Geräuschen energiegeladenen

Tauschens und dem Anblick handgewebter Stoffe, Keramik und einzigartiger Kunsthandwerke.

Der Markale-Markt in Sarajevo, Bosnien, ist einer der beliebtesten Marktplätze auf dem Balkan. Dieser Markt bietet eine große Auswahl an frischem Gemüse, Käse und Wurstwaren sowie regionalen Köstlichkeiten wie Schlag (ein lokales Gebäck) und ćevapi (gegrilltes Schweinefleisch). Besucher können in Kiosken voller lokal angebauter Kräuter und Gewürze stöbern, die sich ideal für die Zubereitung balkanisch inspirierter Gerichte zu Hause eignen.

Der Alte Basar in Skopje, in Mazedonien, ist ein Labyrinth aus winzigen Gassen voller Geschäfte, die traditionelles Kunsthandwerk wie Lederprodukte und fein gefertigten Silberschmuck anbieten. Der Markt ist auch ein fantastischer Ort, um türkischen Kaffeesatz und Pashminas zu kaufen, die das osmanische Erbe der Region widerspiegeln.

Der Kladanj-Markt in Serbien ist wegen seiner frischen Waren und seines handgemachten Honigs bei Einheimischen beliebt. Serbischer Honig ist für seine Qualität und seinen Geschmack bekannt und eignet sich daher hervorragend als Mitbringsel. Neben der Küche können Käufer wunderschön bestickte Tischdecken und Wollschals entdecken.

Lokal hergestellter Schmuck, meist aus Silber oder Holz, ist ein beliebtes Souvenir von diesen Märkten, da er symbolische Bedeutung hat und die kulturelle Vergangenheit der Region repräsentiert. Handgewebte Decken und bestickte Kleidungsstücke sind beliebte Souvenirs aus dem Balkan. Gewürze, insbesondere Paprika, Sumach und Safran, werden häufig in winzigen Tassen oder Gläsern vermarktet, sodass Sie regionale Geschmäcker ganz einfach in Ihrer eigenen Küche nachbilden können.

Einkaufen auf diesen lokalen Märkten bietet mehr als nur Souvenirs; so können Sie ein wenig vom Charakter der Region mit nach Hause nehmen. Achten Sie darauf, mit Händlern zu verhandeln, um die besten Preise zu erzielen, und befolgen Sie gleichzeitig das altehrwürdige Ritual des Markt Feilschens.

KAPITEL NEUN

Balkan-Grundlagen vor der Reise

Eine Reise auf dem Balkan erfordert sorgfältige Vorbereitung und Liebe zum Detail. Dieses Kapitel enthält wichtige Empfehlungen für komfortables Reisen, einschließlich der Kenntnis der Landeswährung, des Umgangs mit Gesundheitsproblemen und der Navigation im Internet.

Währung und Zahlungen: Auf dem Balkan gibt es eine Vielzahl von Währungen, wobei einige Länder den Euro einführen (wie Kroatien und Montenegro) und andere ihre eigene Landeswährung verwenden (wie den serbischen Dinar oder den albanischen Lek). Es ist wichtig, sich mit der Geldverwendung in jedem Land, das Sie besuchen möchten, vertraut zu machen. Kreditkarten werden in Großstädten grundsätzlich akzeptiert, in kleineren Städten oder ländlichen Regionen ist es jedoch am besten, Bargeld dabei zu haben. Geldautomaten sind weit verbreitet, überprüfen jedoch stets den Wechselkurs und die Kosten, bevor Geld abgehoben wird.

Gesundheit und Sicherheit: Obwohl Reisen auf dem Balkan normalerweise sicher sind, sollten Sie bestimmte Maßnahmen ergreifen. Stellen Sie sicher, dass Sie über eine Reiseversicherung verfügen, die medizinische Notfälle und möglicherweise eine Rückführung abdeckt. Nehmen Sie alle benötigten Rezepte mit, da Apotheken bestimmte ausländische Marken möglicherweise nicht führen. Lebensmittelbedingte Infektionen stellen relativ geringe gesundheitliche Bedenken dar, aber trinken Sie in abgelegenen Regionen immer Wasser in Flaschen und halten Ihre Impfungen auf dem neuesten Stand. Darüber hinaus benötigen bestimmte Balkanländer für die Einreise möglicherweise eine Bestätigung bestimmter Impfungen. Informieren Sie sich daher im Voraus über Reisewarnungen.

Internet und Kommunikation: WLAN ist in den meisten Hotels, Cafés und öffentlichen Orten in Städten verfügbar. Allerdings kann die Verbindung in ländlichen oder entfernten Gebieten unvorhersehbar sein, daher ist es eine gute Idee, sich eine lokale SIM-Karte zu besorgen, um einen ständigen mobilen Datenzugriff zu gewährleisten. Lokale Mobilfunknetze bieten oft günstige Prepaid-Tarife an, die Daten, Anrufe und SMS beinhalten. Erwerben Sie außerdem einige grundlegende Wörter in den Landessprachen (z. B. Serbisch, Kroatisch oder Albanisch), um die

Konversation zu erleichtern, auch wenn Englisch in Touristenzielen im Allgemeinen verstanden wird.

Pack- und Reiseutensilien: Auf dem Balkan gibt es unterschiedliche Wettersituationen, also bereiten Sie sich entsprechend vor. Zu den wichtigsten Gütern gehören bequeme Wanderschuhe, wettergerechte Kleidung und ein Netzteil (für Steckdosen im europäischen Stil). Stellen Sie abschließend sicher, dass Sie einen gültigen Reisepass haben, da die meisten Balkanländer einen solchen für die Einreise verlangen, auch für Kurzurlaube.

Währung, Geldautomaten und Trinkgeld auf dem Balkan

Um Ihr Geld bei Reisen über den Balkan effizient verwalten zu können, müssen Sie sich mit den lokalen Währungen, der Verfügbarkeit von Geldautomaten und den Trinkgeld Normen vertraut machen.

Währung

Auf dem Balkan gibt es je nach Nation unterschiedliche Währungen. Einige der wichtigsten verwendeten Währungen sind:

Länder wie Slowenien, Montenegro und Kosovo verwenden den Euro (eur).

Bulgarischer Lew (BGN): Die Währung Bulgariens.

In Kroatien wird die kroatische Kuna (HRK) verwendet.

Serbischer Dinar (RSD): Serbiens offizielle Währung.
Konvertible Mark von Bosnien und Herzegowina
(BAM): Wird in Bosnien und Herzegowina
verwendet.
Viele Nationen in der Region akzeptieren Euro,
insbesondere in Touristenregionen. Für kleinere
Städte und Marktplätze ist es jedoch dennoch
ratsam, lokales Geld dabei zu haben.
Geldautomaten
Geldautomaten sind in Städten und Touristenorten
auf dem gesamten Balkan allgemein zugänglich. Die
meisten Geldautomaten akzeptieren internationale
Debit- und Kreditkarten, aber Sie sollten sich immer
vorher bei Ihrer Bank informieren, um Probleme bei
Auslandstransaktionen zu vermeiden. Seien Sie
bereit, Abhebungsgebühren zu zahlen, die je nach
Geldautomatenbetreiber variieren können. Wenn Sie
in ländliche Gegenden reisen, sollten Sie im Voraus
Bargeld abheben, da es möglicherweise keine
Geldautomaten gibt.
Kippen
Trinkgeld ist auf dem Balkan von Land zu Land
unterschiedlich, wird aber in der Regel akzeptiert.
Dies ist ein allgemeiner Leitfaden:
Restaurants: In den meisten Ländern ist es üblich,
5–10 % des Preises Trinkgeld zu geben, wenn der
Service nicht inbegriffen ist.

Taxis: Es ist üblich, auf die nächste ganze Zahl aufzurunden oder einen kleinen Betrag Trinkgeld zu geben.

Hotels: Es ist üblich, Hotelangestellten zwischen 1 und 2 EUR pro Nacht Trinkgeld zu geben, insbesondere wenn sie zusätzliche Dienstleistungen wie den Gepäcktransport anbieten.

Bei geführten Ausflügen gilt ein Trinkgeld von 5-10 EUR pro Person als großzügig.

Obwohl Trinkgeld nicht immer erforderlich ist, ist es eine hervorragende Möglichkeit, sich für außergewöhnlichen Service zu bedanken. Um doppeltes Trinkgeld zu vermeiden, prüfen Sie immer auf der Rechnung, ob bereits eine Servicegebühr hinzugefügt wurde.

Gesundheits- und Sicherheitstipps für Ihre Reise auf den Balkan

Eine Reise auf den Balkan kann ein aufregendes Abenteuer sein, aber Ihre Gesundheit und Sicherheit müssen für Sie oberste Priorität haben, um eine reibungslose und komfortable Reise zu gewährleisten. Hier finden Sie einige wichtige Gesundheitsrichtlinien, häufige Sicherheitsprobleme und Hinweise zur Vorbereitung auf unerwartete Ereignisse in der Region.

Gesundheitstipps: Impfungen und medizinische Vorbereitung Informieren Sie sich vor Ihrer Reise bei Ihrem Arzt, um sicherzustellen, dass Sie über die erforderlichen Impfungen auf dem Laufenden sind. Hepatitis A, Hepatitis B und Tetanus sind allesamt häufig zu berücksichtigende Impfungen. Es ist außerdem wichtig, alle benötigten verschreibungspflichtigen Medikamente sowie eine Kopie Ihrer Rezepte mitzubringen.

Bleiben Sie ausreichend hydriert: Das Klima auf dem Balkan kann im Sommer zu heiß werden. Trinken Sie viel Wasser und bringen Sie eine wiederbefüllbare Flasche mit, insbesondere wenn Sie Zeit im Freien verbringen oder wandern.

Sonnenschutz: Verwenden Sie Sonnenschutzmittel, tragen Sie einen Hut und suchen Sie bei Bedarf Schatten auf. An bestimmten Orten auf dem Balkan kann die UV-Strahlung stark sein, insbesondere zur Mittagszeit.

Lebensmittel- und Wassersicherheit: Auch wenn die lokale Küche großartig ist, ist das Essen an seriösen Orten unerlässlich, um lebensmittelbedingte Infektionen zu verhindern. Trinken Sie abgefülltes oder gefiltertes Wasser, da Leitungswasser in ländlichen Regionen möglicherweise nicht sicher ist.

Krankenversicherung: Stellen Sie sicher, dass Sie über eine ausreichende Reisekrankenversicherung verfügen, die medizinische Notfälle wie

Krankenhausaufenthalte und Notevakuierungen im Falle eines unvorhergesehenen Ereignisses abdeckt.

Häufige Sicherheitsbedenken sind Bagatelldiebstahl und Taschendiebstahl. Wie an vielen anderen Orten kann Taschendiebstahl an überfüllten Orten wie Marktplätzen, öffentlichen Verkehrsmitteln oder beliebten Touristenattraktionen ein Problem darstellen. Bewahren Sie Ihre Wertsachen an einem sicheren Ort auf, beispielsweise in einem Geldgürtel oder einer abschließbaren Tasche.

Verkehrssicherheit: Der Zustand der Straßen auf dem Balkan ist unterschiedlich. Während Großstädte möglicherweise über gut ausgebaute Straßen verfügen, können ländliche Regionen über schmalere, weniger kontrollierte Straßen verfügen. Fahren Sie stets vorsichtig, schnallen Sie sich an und befolgen Sie die örtlichen Verkehrsregeln.

Tiere: Wenn Sie Naturregionen besuchen oder in Nationalparks wandern, achten Sie auf Tiere. Auch wenn Interaktionen mit gefährlichen Tieren selten sind, sollten Sie immer einen Sicherheitsabstand einhalten und alle von den örtlichen Behörden erlassenen Beschränkungen einhalten.

Bereiten Sie sich auf unerwartete Situationen vor:

Notrufnummern: Machen Sie sich mit den Notrufnummern für jedes Land, das Sie besuchen, vertraut. In den meisten Balkanländern ist die medizinische Notrufnummer 112.

Örtliche Gesundheitseinrichtungen: Informieren Sie sich über die medizinische Versorgung, bevor Sie abgelegene Orte aufsuchen. In vielen Städten gibt es Krankenhäuser mit englischsprachigem Personal, in ländlichen Gebieten kann es jedoch schwieriger sein, eine angemessene medizinische Versorgung zu finden. Bleiben Sie auf dem Laufenden: Halten Sie Ausschau nach Reisewarnungen oder lokalen Nachrichten-Aktualisierungen, die auf mögliche Gesundheits- oder Sicherheitsrisiken hinweisen. Wenn Sie in Zeiten politischer Unruhen oder Naturkatastrophen informiert bleiben, können Sie eine intelligentere Reiseauswahl treffen.

Wenn Sie diese Gesundheits- und Sicherheitsempfehlungen verstehen, können Sie Ihren Urlaub auf dem Balkan mit Zuversicht genießen und wissen, dass Sie sowohl auf alltägliche Probleme als auch auf unvorhergesehene Ereignisse vorbereitet sind.

Bleiben Sie auf dem Balkan in Verbindung: Ein Leitfaden für Internetzugang und SIM-Karten.

Bei Reisen auf dem Balkan ist es wichtig, den Kontakt zu Familie und Freunden aufrechtzuerhalten. Egal, ob Sie durch attraktive Städte fahren, atemberaubende Landschaften besuchen oder einfach nur Ihre Abenteuer teilen möchten, eine zuverlässige Internetverbindung ist unerlässlich. Hier finden Sie einen Leitfaden zur Auswahl der besten Internet Verbindungsoptionen und zum Erwerb lokaler SIM-Karten auf dem Balkan.

1. WLAN-Verfügbarkeit

Die meisten größeren Städte und Touristenziele auf dem Balkan verfügen über kostenloses WLAN in Hotels, Cafés, Restaurants und Einkaufszentren. Öffentliche WLAN-Netzwerke können jedoch träge oder unsicher sein. Erwägen Sie andere Möglichkeiten der Internetverbindung für mehr Stabilität und Sicherheit.

2. Kauf einer lokalen SIM-Karte.

Eine der kostengünstigsten Methoden, um in Verbindung zu bleiben, ist die Anschaffung einer lokalen SIM-Karte. Die meisten Balkanländer bieten wettbewerbsfähige Mobilfunktarife an und SIM-Karten können problemlos an Flughäfen, in

Mobilfunk Geschäften oder an Kiosken gekauft werden. Hier sind einige Tipps:

Recherchieren Sie nach lokalen Anbietern: Zu den größten Mobilfunkanbietern der Region gehören Telekom (Serbien), T-Mobile (Kroatien, Bosnien und Herzegowina) und A1 (Nord Mazedonien, Bulgarien). Vergleichen Sie die verschiedenen Prepaid-Tarife für Daten, Anrufzeit und SMS.

Voraussetzungen: Beim Erwerb einer SIM-Karte wird in der Regel die Vorlage Ihres Reisepasses verlangt, der in den meisten Ländern aus Sicherheitsgründen erforderlich ist.

Abdeckung: In Städten ist die Abdeckung normalerweise gut, in abgelegenen Orten kann sie jedoch eingeschränkt sein. Sehen Sie sich daher vor dem Kauf die Abdeckungskarte des Anbieters an.

3. Auswahl des besten Plans.

Berücksichtigen Sie bei der Entscheidung für eine Strategie Folgendes:

Datenbedarf: Wenn Sie das Internet regelmäßig zum Surfen, Navigieren oder für soziale Medien nutzen möchten, besorgen Sie sich einen Plan mit einem großen Datenkontingent.

Roaming-Optionen: Wenn Sie viele Balkanländer besuchen möchten, prüfen Sie, ob Pläne grenzüberschreitendes Roaming beinhalten, um teure Roaming-Kosten zu vermeiden.

Gültigkeitsdauer: Die meisten SIM-Karten haben eine begrenzte Gültigkeitsdauer. Stellen Sie daher sicher, dass der Plan der Dauer Ihres Besuchs entspricht.

4. eSIM-Option.

Wenn Sie mit einem aktuellen Smartphone unterwegs sind, kann eine eSIM eine sinnvolle Wahl sein. Einige Mobilfunkunternehmen auf dem Balkan verwenden die eSIM-Technologie, wodurch Sie den Austausch physischer SIM-Karten vermeiden können. Sie können einen Plan online über die App oder Website des Anbieters aktivieren.

5. Internationale SIM-Karten.

Wenn Sie den Kauf lokaler SIM-Karten in den einzelnen Regionen vermeiden möchten, sollten Sie eine internationale SIM-Karte in Betracht ziehen, die in vielen Balkanländern funktioniert. Diese sind online zugänglich und können in verschiedenen Bereichen verwendet werden, sodass Sie ganz einfach in Verbindung bleiben können, ohne Ihre SIM-Karte austauschen zu müssen.

Abschluss

Mit einer lokalen SIM-Karte oder einer Smart-ESIM-Option können Sie während Ihrer Reise auf dem Balkan ganz einfach in Verbindung bleiben.

197

WLAN, Apps, soziale Medien und Sprach-Apps.

Nutzen Sie Navigations-, Kommunikations- und soziale Netzwerkanwendungen, um Ihren Urlaub auf dem Balkan optimal zu nutzen. Es ist von entscheidender Bedeutung, in Verbindung zu bleiben, und die Verwendung der entsprechenden Tools kann Ihre Reise einfacher und angenehmer machen.

WLAN-Spots

Auf Reisen ist es wichtig, ein stabiles WLAN zu finden. Viele Cafés, Restaurants und öffentliche Veranstaltungsorte auf dem Balkan verfügen über kostenloses WLAN, aber es ist immer nützlich zu wissen, welche die besten sind. Suchen Sie nach Websites wie großen Hotels, Einkaufszentren und öffentlichen Bibliotheken, die normalerweise über leistungsstarke und kostenlose Verbindungen verfügen. Beliebte Programme wie WiFi Map können Ihnen dabei helfen, Wi-Fi-Verbindungen in Ihrer Nähe zu identifizieren, sodass Sie überall in Verbindung bleiben können.

Reise-Apps

Apps, die Sie durch Städte und ländliche Regionen begleiten, können Ihnen dabei helfen, effizienter zu navigieren und zu planen. Google Maps ist ein unverzichtbares Tool für die Fortbewegung, einschließlich präziser Karten, Routen für öffentliche

Verkehrsmittel und Wegbeschreibungen zu Fuß. Lokale Büroanwendungen wie Moovit oder Rome2Rio können Ihnen helfen, die effektivsten Routen zu finden, sei es mit Bus, Bahn oder Auto.

Soziale Medien

Bleiben Sie mit Freunden in Kontakt und teilen Sie Ihre Reisen über Social-Media-Kanäle. Instagram und Facebook werden auf dem gesamten Balkan häufig genutzt und bieten eine ideale Plattform zum Teilen von Bildern, zum Einchecken an faszinierenden Orten und zum Vernetzen mit anderen Reisenden. Twitter und X (früher Twitter) können Sie auch unterwegs über lokale Ereignisse, Neuigkeiten und Trends auf dem Laufenden halten.

Sprach-Apps

Während an vielen Orten häufig Englisch gesprochen wird, kann die Kenntnis einiger lokaler Wörter Ihr Erlebnis erheblich verbessern. Apps wie Duolingo, Memrise und Babbel bieten anfängerfreundliche Kurse in verschiedenen Balkansprachen, darunter Kroatisch, Serbisch und Bulgarisch. Diese Anwendungen sind hervorragende Ressourcen, um Begrüßungen zu lernen, Mahlzeiten zu bestellen und sich mit Menschen in ihrer Originalsprache zu unterhalten.

Mit diesen Tools und Diensten können Sie Ihren Aufenthalt auf dem Balkan so angenehm und einfach wie möglich gestalten und Ihre Reise durch nahtlose Kommunikation und Entdeckung verbessern.

Impfstoffe und Notrufnummern auf dem Balkan

Sehen Sie sich die empfohlenen Impfstoffe und Notfallkontakt Nummern jedes Balkanlandes an, um Ihre Gesundheit und Sicherheit zu gewährleisten. In diesem Abschnitt finden Sie wichtige Informationen zur Erhaltung Ihrer Gesundheit und zum Wissen, wen Sie im Notfall anrufen können.

Impfungen: Bevor Sie in die Balkanländer reisen, ist es wichtig, die empfohlenen Impfungen zum Schutz vor häufigen Krankheiten zu prüfen. Zu den Standardimpfungen gehören:

Routineimpfungen: Stellen Sie sicher, dass Sie über Impfungen für Kinder wie MMR (Masern, Mumps, Röteln), Diphtherie, Tetanus und Keuchhusten auf dem Laufenden sind.

Besuchern der Region werden Impfungen gegen Hepatitis A und B empfohlen, da die Infektionen durch kontaminierte Lebensmittel oder Getränke oder durch Kontakt mit infiziertem Blut übertragen werden können.

Typhus: Diese Impfung ist für Besucher in ländlichen oder verarmten Gegenden geeignet, in denen die Sauberkeit ein Problem sein kann.

Tollwut: Wenn Sie Zeit im Freien oder in der Nähe von Tieren verbringen möchten, sollten Sie eine Tollwutimpfung in Betracht ziehen, da die Krankheit an mehreren Orten auf dem Balkan weit verbreitet ist.

Grippe: Eine Grippeimpfung wird empfohlen, insbesondere wenn Sie in den Wintermonaten reisen.

Sprechen Sie vor Ihrer Reise mit einem Gesundheitsexperten, um zu erfahren, ob Impfungen für Ihren jeweiligen Standort erforderlich oder empfohlen sind.

Notrufnummern: Die Kenntnis der örtlichen Notrufnummern in den Balkanländern kann in einem Notfallszenario einen großen Unterschied machen. Im Folgenden sind die wichtigsten Notfallkontakte für die Region aufgeführt:

Albanien: 112 (allgemeiner Notruf) und 127 (Krankenwagen).

Bosnien und Herzegowina: 112 (allgemeiner Notruf) und 124 (Krankenwagen).

Bulgarien: 112 (allgemeiner Notruf) und 150 (Krankenwagen).

Kroatien: 112 (allgemeiner Notruf) und 194 (Krankenwagen).

Kosovo: 112 (allgemeiner Notruf) und 127 (Krankenwagen).

Montenegro: 112 (allgemeiner Notruf) und 124 (Krankenwagen).

Nordmazedonien: 112 (allgemeiner Notruf) und 194 (Krankenwagen).
Serbien: 112 (allgemeiner Notruf) und 194 (Krankenwagen).
In Slowenien wählen Sie 112 für allgemeine Notfälle und 112 für Krankenwagen. In Griechenland (Teil des Balkangebiets) wählen Sie 166 für Krankenwagen.
Speichern Sie diese Nummern vor Ihrer Abreise unbedingt auf Ihrem Telefon und machen Sie sich mit den örtlichen Notdiensten vertraut. Wenn Sie vorbereitet sind, können Sie im Falle eines medizinischen oder anderen Notfalls schneller reagieren.

KAPITEL ZEHN

Tagesausflüge und Exkursionen auf dem Balkan

Der Balkan ist ein Gebiet voller Geschichte, Kultur und natürlicher Schönheit mit einer Fülle an Aktivitäten, die sich für Tagesausflüge und Kurzurlaube eignen. Für Erstbesucher können diese Tagestouren eine wunderbare Einführung in die einzigartige Kombination aus östlichen und westlichen Einflüssen, atemberaubenden Landschaften und faszinierenden Sehenswürdigkeiten in der Region sein. Egal, ob Sie in einer der pulsierenden Städte des Balkans leben oder einen ruhigen Zufluchtsort bevorzugen, die folgenden Tagesausflüge und Exkursionen zeigen Ihnen das Beste, was die Gegend zu bieten hat.

1. Dubrovnik, Kroatien: Die Perle der Adria
Zu den Wahrzeichen von Dubrovnik, die man unbedingt gesehen haben muss, gehören die Altstadt, die Stadtmauer, der Fürstenpalast und die Insel Lokrum.
Spazieren Sie entlang der alten Stadtmauern, unternehmen Sie eine Bootsfahrt zur Insel Lokrum oder erkunden Sie die mittelalterlichen Straßen, die als Kulisse für Game of Thrones dienten. Die

befestigte Altstadt von Dubrovnik gehört zum UNESCO-Weltkulturerbe und ihre Mauern bieten einen Panoramablick auf die Adria. Eine Bootsfahrt zur benachbarten Insel Lokrum, die für ihre Blumengärten und antiken Ruinen bekannt ist, ist eine willkommene Abwechslung.

2. Kotor und Perast, Montenegro: Eine Reise durch die Zeit

Entfernung vom Motor mit dem Auto: 30 Minuten.

Zu den Sehenswürdigkeiten, die man unbedingt gesehen haben muss, gehören die Altstadt von Kotor, Perast und Unsere Liebe Frau vom Felsen.

Einzigartige Erlebnisse: Die Altstadt von Kotor ist ein Labyrinth aus kleinen, verwinkelten Gassen mit venezianischer Architektur, während Perast eine wunderschöne Strandstadt ist. Nehmen Sie von Perast aus ein Boot nach Our Lady of the Rocks, einer kleinen Insel mit einer schönen Kapelle und einer berühmten Geschichte. Kotor bietet auch Wandermöglichkeiten zu den historischen Festungsanlagen mit Blick auf die Bucht von Kotor, einem der schönsten Naturhäfen Europas.

3. Mostar, Bosnien und Herzegowina: Die Brücke in die Vergangenheit.

Die Entfernung von Sarajevo beträgt 2 Stunden mit dem Fahrzeug.

Zu den Sehenswürdigkeiten, die man unbedingt gesehen haben muss, gehören die Stari Most (Alte

Brücke), der Alte Basar und die Koski-Mehmed-Pascha-Moschee.

Einzigartige Erlebnisse: Mostar ist bekannt für seine alte Brücke aus der osmanischen Zeit, die seit Jahrhunderten als Wahrzeichen der Stadt dient. Die im Bosnienkrieg zerstörte Brücke wurde sorgfältig restauriert und gehört heute zum UNESCO-Weltkulturerbe. Besucher können durch die Kopfsteinpflaster Gassen des Alten Basars schlendern, traditionelle bosnische Küche probieren und mutigen Bewohnern dabei zusehen, wie sie über die Brücke in den Fluss Neretva springen.

4. Bleder See, Slowenien: Eine märchenhafte Flucht.

Entfernung von Ljubljana: eine Stunde mit dem Fahrzeug

Zu den Sehenswürdigkeiten gehören die Burg von Bled, die Insel Bled und die Vintgar-Schlucht.

Einzigartige Erlebnisse: Ein beliebter Zeitvertreib ist ein Bootsausflug zur Insel Bled, wo Sie an der Kirche Mariä Himmelfahrt die Wunschglocke läuten können. Die historische Burg von Bled liegt auf einem Felsen und bietet einen atemberaubenden Blick auf den See und die umliegenden Berge. Eine Wanderung durch die Vintgar-Schlucht mit ihren Holzstegen und grünen Flüssen ist ein weiterer Höhepunkt dieser ruhigen Gegend.

5. Belgrad, Serbien: Herz des Balkans

Entfernung von Belgrad: innerhalb der Stadt.

Sehenswürdigkeiten, die man unbedingt gesehen haben muss, sind die Festung Kalemegdan, der Tempel des Heiligen Sava und die Skadarlija-Straße. Einzigartige Erlebnisse: Belgrad, Serbiens geschäftige Stadt, verbindet Geschichte und Gegenwart auf einzigartige Weise. Die Festung Kalemegdan bietet einen herrlichen Blick auf die Flüsse Save und Donau und beherbergt verschiedene Museen und Galerien. Ein Besuch des prächtigen Doms des Heiligen Sava, einer der größten orthodoxen Kathedralen der Welt, ist ein Muss. Erkunden Sie die Skadarlija-Straße, Belgrads Künstlerviertel mit seiner lebendigen Atmosphäre und klassischen Restaurants.

6. Skopje, In Mazedonien: Wo Ost auf West trifft

Zu den Wahrzeichen von Skopje, die man unbedingt gesehen haben muss, gehören die Steinbrücke, der Alte Basar und der Matka-Canyon.

Einzigartige Erlebnisse: Skopje, die Hauptstadt Nordmazedoniens, verbindet altes Erbe mit zeitgenössischer Architektur. Die Steinerne Brücke, die die alten und modernen Stadtteile verbindet, ist ein Symbol der reichen Vergangenheit der Stadt. Der Alte Basar von Skopje gehört zu den größten und am besten erhaltenen auf dem Balkan. Der Matka Canyon liegt nur eine kurze Autofahrt von Skopje entfernt und bietet Aktivitäten wie Bootsfahrten, Wandern und Höhlenerkundungen.

7. Kloster Sofia und Rila, Bulgarien: Spirituelle und natürliche Wunder
Rila ist 1,5 Autostunden von Sofia entfernt. Zu den Sehenswürdigkeiten zählen die Alexander-Newski-Kathedrale und das Rila-Kloster. Einzigartige Erlebnisse: Sofia, die Hauptstadt Bulgariens, verfügt über historische Sehenswürdigkeiten wie die Alexander-Newski-Kathedrale und römische Überreste, aber das angrenzende Rila-Kloster ist das eigentliche Herzstück. Das Rila-Kloster, ein UNESCO-Weltkulturerbe, ist ein beeindruckendes Beispiel der bulgarischen Renaissance-Architektur, umgeben vom malerischen Rila-Gebirge. Bei einem geführten Rundgang durch das Kloster wird jahrhundertealtes religiöses und kulturelles Erbe enthüllt.
8. Tirana und Berat, Albanien: Charme und Geschichte.
Berat ist eine 2-stündige Fahrt von Tirana entfernt. Zu den Sehenswürdigkeiten zählen das Schloss Berat, das Mangalem-Viertel und der Skanderbeg-Platz.
Berat wird wegen seiner charakteristischen Architektur aus der osmanischen Zeit auch „Stadt der tausend Fenster" genannt. Zu den Hauptattraktionen zählen das Schloss, das einen Panoramablick über die Stadt bietet, und der Mangalem-Bezirk mit seinen traditionellen

207

Gebäuden. Die Hauptstadt Tirana ist für ihre reiche Kultur bekannt und der Skanderbeg-Platz ist ein geschäftiges Zentrum. Ein Tagesausflug von Tirana nach Berat bietet Einblick in die reiche Vergangenheit Albaniens.

9. Thessaloniki, Griechenlands Küsten- und Kultur Schönheit

Entfernung von Thessaloniki: innerhalb der Stadt.

Sehenswürdigkeiten, die man gesehen haben muss: Weißer Turm, Archäologisches Museum, Olympia (in der Nähe)

Einzigartige Erlebnisse: Thessaloniki, Griechenlands zweitgrößte Stadt, vereint antike Ruinen, byzantinische Kirchen und osmanische Attraktionen. Der Weiße Turm bietet einen atemberaubenden Blick auf das Ägäische Meer, während das Archäologische Museum Antiquitäten aus dem alten Mazedonien ausstellt. Für Naturliebhaber bietet eine Reise zum nur eine Stunde entfernten Olymp eine Trekking-Möglichkeit in der Heimat der griechischen Götter.

10. Nationalpark Plitvicer Seen in Kroatien: Ein Naturwunder.

Entfernung von Zagreb: zwei Stunden mit dem Fahrzeug

Sehenswürdigkeiten, die man gesehen haben muss: Wasserfälle, Holzwege und kristallklare Seen

Einzigartige Erlebnisse: Der Nationalpark Plitvicer Seen, ein UNESCO-Weltkulturerbe, ist eine der schönsten Naturattraktionen Kroatiens. Es verfügt über 16 abgestufte Seen und mehrere Wasserfälle, die alle durch ein Netz aus Holzwegen verbunden sind. Besucher können die Wege des Parks erkunden, Bootsfahrten auf den Seen unternehmen und in die üppige grüne Landschaft eintauchen, was es zu einem idealen Tagesausflug für Naturliebhaber macht.

Abschluss

Ganz gleich, ob Sie sich für Geschichte, Kultur oder Umwelt interessieren, der Balkan hat viele interessante Tagesausflüge zu bieten. Von den alten Gassen von Dubrovnik bis zu den ruhigen Ufern des Bleder Sees bietet jeder Ort unterschiedliche Erlebnisse, die die Vielfalt der Region hervorheben.

Solo-Reiseführer für den Balkan.

Allein Reiseführer für den Balkan: Sicherheit, Reiseziele, soziale Möglichkeiten und Tipps, um Einheimische zu treffen

Der Balkan, ein südosteuropäisches Gebiet, ist reich an Geschichte, Kultur und herrlichen Landschaften. Von den Stränden der Adria bis zu den Bergen Montenegros, den antiken Ruinen Albaniens und den dynamischen Städten Serbiens und Kroatiens ist diese Region ein ideales Reiseziel für Alleinreisende.

Hier finden Sie eine Schritt-für-Schritt-Anleitung, wie Sie den Balkan auf eigene Faust erkunden können. Der Schwerpunkt liegt auf Sicherheit, beliebten Sehenswürdigkeiten, sozialen Aktivitäten und dem Kontakt mit Einheimischen.

1. Sicherheitstipps für Alleinreisende auf dem Balkan

Allgemeine Sicherheit

Der Balkan ist normalerweise für Alleinreisende sicher, aber wie an jedem anderen Ort ist auch hier Vorsicht geboten. Die meisten Länder in der Region, darunter Kroatien, Slowenien und Montenegro, sind sehr sicher und die Kriminalitätsrate ist niedriger als in vielen westeuropäischen Ländern. Allerdings ist in Großstädten Vorsicht geboten, insbesondere nachts.

Tipps für Alleinreisende zur Sicherheit

Informieren Sie sich über lokale Gesetze und Bräuche: Jedes Balkanland hat seine eigenen Gesetze und Traditionen. In eher konservativen Gemeinschaften wird beispielsweise dezente Kleidung häufig begrüßt, und es ist wichtig, die religiösen und politischen Empfindlichkeiten vor Ort zu verstehen.

Bewahren Sie Ihre Wertsachen sicher auf: An belebten Touristenorten kann es zu geringfügigen Diebstählen kommen. Nutzen Sie zum Transport von Wertgegenständen einen Geldgürtel oder eine verschließbare Tasche.

Nutzen Sie seriöse Transportmittel. Bleiben Sie bei zertifizierten Taxis oder nutzen Sie

210

Mitfahrgelegenheiten wie Bolt oder Uber (sofern verfügbar). Vermeiden Sie das Trampen, es sei denn, Sie sind mit der Region vertraut und fühlen sich sicher.

Tragen Sie immer eine Reiseversicherung, die Kranken-, Unfall- und Diebstahlschutz abdeckt. Auch wenn die Standards im Gesundheitswesen in der Regel akzeptabel sind, ist Sicherheit immer vorzuziehen.

2. Top-Reiseziele für Alleinreisende auf dem Balkan

Der Balkan bietet eine vielfältige Auswahl an Erlebnissen für Alleinreisende aller Art. Im Folgenden sind einige der wichtigsten Orte aufgeführt, die Sie in Betracht ziehen sollten:

Kroatien

Dubrovnik: Bekannt als die „Perle der Adria", ist diese historische, ummauerte Stadt ideal für Einzelbesucher. Sie können die antike Altstadt besichtigen, an den wunderschönen Stränden entspannen oder ein Boot zu den angrenzenden Inseln nehmen.

Zagreb, die Hauptstadt Kroatiens, ist eine pulsierende Stadt mit einer malerischen Altstadt, belebten Marktplätzen und hervorragenden Cafés. Es ist ein idealer Ort, um andere Touristen zu treffen.

Nationalpark Plitvicer Seen: Wenn Sie die Natur mögen, müssen Sie dieses UNESCO-Weltkulturerbe besuchen. Solo-Trekking durch die wunderschöne

Umgebung und die Wasserfälle sorgen für Ruhe und Spannung.

Montenegro

Kotor: Diese charmante Stadt ist von atemberaubenden Bergen und einer Bucht umgeben und eignet sich daher ideal für Alleinreisende. Sie können die Altstadt Mauern erklimmen oder eine Bootsfahrt über die Bucht unternehmen.

Budva: Budva ist bekannt für seine atemberaubenden Strände, sein aktives Nachtleben und seine antike Altstadt und ein großartiger Ort für Alleinreisende, um Kontakte zu knüpfen und sich auszuruhen.

Albanien

Tirana, die Hauptstadt Albaniens, verfügt über eine junge Vitalität und weist osmanische, italienische und sozialistische Architektur auf. Erkunden Sie die lebhafte Straßenkunst, Szene, Cafés und historischen Stätten.

Die albanische Riviera: Dieser Küstenabschnitt ist wunderschön und weniger touristisch als sein englisches Pendant und verfügt über herrliche Strände wie Dhermi und Jale. Es eignet sich hervorragend für Alleinreisende, die sich entspannen und eine ruhige Zeit genießen möchten.

Serbien

Belgrad: Serbiens pulsierende Hauptstadt bietet ein hervorragendes Nachtleben mit unzähligen Pubs,

Clubs und Cafés. Belgrad hat eine reiche Geschichte, von der Festung Kalemegdan bis zur Künstlerstraße Skadarlija. Es ist ein ausgezeichneter Ort, um Einheimische und andere Besucher zu treffen.

Novi Sad, bekannt für seine Festung Petrovaradin und das EXIT-Musikfestival, ist eine lebendige Stadt mit einer entspannten Atmosphäre, die sich ideal für einsame Erkundungen eignet.

Bosnien und Herzegowina

Sarajevo: Die Hauptstadt mit ihrer interessanten Mischung aus osmanischen, österreichisch-ungarischen und jugoslawischen Einflüssen eignet sich hervorragend für Alleinreisende, die Geschichte, Kultur und köstliche Küche zu schätzen wissen. Die antiken Sehenswürdigkeiten der Stadt, wie der Baščaršija-Markt, geben Einblick in die vielfältige Geschichte der Region.

Kosovo

Pristina, die Hauptstadt des Kosovo, wird von Besuchern häufig vernachlässigt, ist aber reich an Geschichte und Spannung. Sie können die Nationalbibliothek des Kosovo besichtigen, das Neugeborene Denkmal besichtigen und die lebendige Cafékultur erleben.

3. Soziale Möglichkeiten für Alleinreisende.

Wenn Sie alleine reisen, müssen Sie nicht die ganze Zeit allein sein. Es gibt verschiedene Möglichkeiten,

213

Menschen auf dem Balkan zu treffen, egal ob es sich um Einheimische oder andere Besucher handelt.

Hostels und Pensionen

Hostels sind bei Alleinreisenden aufgrund des sozialen Umfelds, das sie bieten, beliebt. Hostels in Städten wie Belgrad, Dubrovnik und Sarajevo sind bei jungen Reisenden sehr beliebt und bieten viele Möglichkeiten, neue Leute kennenzulernen.

Wandertouren, Kneipentouren und Tagesausflüge sind gute Möglichkeiten, andere Touristen zu treffen und mehr über die lokale Kultur zu erfahren.

Cafés und Bars

Lokale Cafés: Auf dem Balkan gibt es eine starke Kaffeekultur, daher kann der Besuch lokaler Cafés eine fantastische Möglichkeit sein, neue Leute kennenzulernen. Die Menschen in Sarajevo, Belgrad und Zagreb mögen informelle Gespräche, und es ist nicht ungewöhnlich, eine angenehme Diskussion zu beginnen.

Nachtleben: Wenn Sie eine lebendige Umgebung mögen, gibt es mehrere Pubs, Clubs und Orte mit Live-Musik. Belgrad zum Beispiel ist für sein pulsierendes Nachtleben bekannt. Der Besuch einer Bar in der Nachbarschaft oder die Teilnahme an einer Kneipentour bieten viele Möglichkeiten zum geselligen Beisammensein.

Kulturelle Veranstaltungen und Festivals

Festivals: Auf dem Balkan finden zahlreiche Festivals statt, vom EXIT-Festival in Novi Sad bis zum Dubrovniker Sommerfestival. Dies sind hervorragende Gelegenheiten, Einheimische und andere Besucher kennenzulernen.

Lokale Erlebnisse: Suchen Sie nach Aufführungen traditioneller Volksmusik, kulinarischen Workshops oder Weinproben Ausflügen, die alle Gelegenheiten bieten, Menschen in entspannter Atmosphäre kennenzulernen.

4. Tipps zum Treffen mit Einheimischen, wenn Sie alleine reisen

Das Kennenlernen der Einheimischen ist einer der erfreulichsten Aspekte des Reisens, und der Balkan bietet zahlreiche Möglichkeiten, herzliche, gastfreundliche Menschen zu treffen.

Lernen Sie grundlegende Sätze.

Während viele Menschen auf dem Balkan Englisch verstehen, hilft es Ihnen, ein Gespräch zu beginnen, wenn Sie ein paar wichtige Wörter in der Landessprache kennen. Schon ein einfaches „Hallo" („zdravo" auf Serbisch oder „bok" auf Kroatisch) kann eine erhebliche Wirkung haben.

Besuchen Sie lokale Märkte.

Märkte sind eine hervorragende Gelegenheit, in die lokale Kultur einzutauchen. Egal, ob Sie sich in den belebten Straßen von Belgrad oder in einer ländlichen Stadt in Albanien befinden, die Bewohner sind immer bereit, sich zu unterhalten und ihre Geschichten zu erzählen.

Nehmen Sie an lokalen Aktivitäten teil

Suchen Sie nach Möglichkeiten, sich an gemeinnützigen Aktivitäten wie Kochkursen, Wanderclubs und Kunstworkshops zu beteiligen. Diese Veranstaltungen bieten eine realere und persönliche Gelegenheit, Menschen kennenzulernen.

Seien Sie offen für Gespräche.

Die Menschen auf dem Balkan sind normalerweise freundlich und gastfreundlich. Wenn Sie in einem Café oder Park sitzen, scheuen Sie sich nicht, eine Diskussion mit den Einheimischen anzufangen. Sie unterhalten sich oft gerne mit Touristen und erklären ihnen ihre Kultur.

Letzte Gedanken zum Alleinreisen auf dem Balkan.

Der Balkan bietet ein außergewöhnlich lohnendes Erlebnis für Alleinreisende mit einer Mischung aus Geschichte, natürlicher Schönheit und dynamischer lokaler Kultur. Von der Sicherheit bis zur Begegnung mit Einheimischen legt dieser Bereich Wert auf Einzigartigkeit und heißt Besucher mit offenen Armen willkommen. Wenn Sie einige grundlegende Sicherheitsvorkehrungen befolgen, berühmte Orte besuchen und soziale Möglichkeiten nutzen, wird Ihr Solo-Urlaub auf dem Balkan mit Sicherheit eine wundervolle Reise.

Budget Reisen auf dem Balkan

Der Balkan, ein Gebiet, das für seine reiche Geschichte, verschiedene Kulturen und atemberaubende Landschaften bekannt ist, bietet ein unvergessliches Urlaubserlebnis, ohne den Geldbeutel zu belasten. Hier ist ein ausführlicher Leitfaden für erschwingliches Reisen auf dem Balkan:

Preisbewusste Touristen können auf dem Balkan leicht günstige Unterkunft Alternativen entdecken. In Städten wie Belgrad, Sarajevo und Skopje gibt es zahlreiche Herbergen und Pensionen, die Gemeinschaftsbetten oder Einzelzimmer zu angemessenen Preisen anbieten. Eine frühzeitige Buchung kann in der Regel zu günstigeren Rabatten führen, insbesondere während der touristischen Hochsaison. Airbnb und familiengeführte Hotels in lokalem Besitz sind ebenfalls fantastische Optionen für Menschen, die ein authentisches Erlebnis suchen, ohne dafür eine Prämie zu zahlen.

Der Balkan verfügt über ein zuverlässiges und wirtschaftliches öffentliches Verkehrssystem. Busse und Eisenbahnen verbinden große Städte und Gemeinden und machen es einfach, mit kleinem Budget zu reisen. Fernbusse sind oft günstiger als Züge, allerdings kann die Fahrt länger dauern. Erwägen Sie die Nutzung lokaler Kurzstreckenbusse

217

oder die Bildung von Fahrgemeinschaften mit Einheimischen über Websites wie BlaBlaCar. Innerhalb von Städten sind Straßenbahnen, Busse und U-Bahnen kostengünstig und zuverlässig.

Einheimisches Essen: Einer der Höhepunkte eines Urlaubs auf dem Balkan ist die erschwingliche und dennoch schmackhafte einheimische Küche. Zu den Streetfood-Optionen gehören Burek (herzhaftes Gebäck), Cevapi (gegrilltes Schweinefleisch) und Sarma (gefüllte Kohlrouladen) zu erschwinglichen Preisen. Lokale Märkte sind auch ausgezeichnete Quellen für frisches Obst und Erfrischungen. Wenn Sie in lokalen Restaurants abseits der Touristengebiete essen, können Sie Geld sparen und trotzdem authentische Küche genießen. Lassen Sie sich die berühmten Kaffeekultur der Region nicht entgehen, die sowohl preiswert als auch ein wichtiger Bestandteil der sozialen Interaktion ist.

Der Balkan bietet eine Vielzahl kostengünstiger Aktivitäten. Erkunden Sie die zum UNESCO-Weltkulturerbe gehörenden Städte Dubrovnik und Mostar gegen einen geringen Eintrittspreis oder eine kostenlose Erkundungstour. Wandern ist eine beliebte und kostenlose Sportart. Wanderwege in Nationalparks wie den Plitvicer Seen in Kroatien und die Rugova-Schlucht im Kosovo bieten eine atemberaubende Naturpracht. Viele Städte bieten auch kostenlose Rundgänge an, die

Besuchern die lokale Kultur und Geschichte näherbringen.

Der Balkan ist ein fantastischer Ort für preisbewusste Besucher, die Abenteuer und Kultur suchen, da er günstige Unterkünfte, Transportmittel, Küche und Aktivitäten bietet.

Abenteuer Reiseführer: Balkan-Erkundung

Der Balkan, ein Gebiet, das für seine reiche Geschichte, verschiedene Kulturen und unwegsames Gelände bekannt ist, bietet zahlreiche Möglichkeiten für Abenteuerreisen. Egal, ob Sie ein erfahrener Abenteuerlustiger oder Naturliebhaber sind, der Balkan bietet eine große Auswahl an Outdoor-Abenteuern für alle Arten von Entdeckern. Von Wandern und Rafting bis hin zu Mountainbiken und Paragliding – hier finden Sie einen umfassenden Guide zu den adrenalin geladenen Sportarten und Sehenswürdigkeiten auf dem Balkan.

1. Wander- und Trekking Aktivitäten

Auf dem Balkan befinden sich einige der schönsten Gebirgsketten Europas, die sich ideal zum Klettern und Trekking eignen. Mit einer Mischung aus etablierten Routen und abseits der ausgetretenen Pfade gelegenen Wegen hat die Gegend für jeden Wanderer etwas zu bieten.

Prokletije-Gebirge (Albanien und Montenegro). Das Prokletije-Gebirge, manchmal auch als „Verfluchtes Gebirge" bekannt, beherbergt einige der felsigen und einsamsten Landschaften Europas. Wanderer können Steilhänge, Schluchten und Almwiesen erkunden. Der Peaks of the Balkans Trail, der Albanien, Montenegro und den Kosovo verbindet, ist eine mehrtägige Wanderung mit atemberaubender Landschaft und anspruchsvollen Anstiegen, die man gesehen haben muss.

Rila-Gebirge (Bulgarien) Musala, mit 2.925 Metern der höchste Berg des Balkans, liegt im Rila-Gebirge. Das Rila-Kloster, ein UNESCO-Weltkulturerbe, liegt am Fuße und bietet eine kulturelle Verbindung mit der Umgebung. Der Aufstieg zu den Sieben Rila-Seen ist ein Muss für erfahrene Wanderer und bietet wunderschöne Gletscherseen vor einer spektakulären Bergkulisse.

Vitosha-Berg (Bulgarien) Vitosha liegt in der Nähe der Hauptstadt Sofia und bietet ein zugängliches, aber abenteuerliches Trekking-Erlebnis. Der Berg Cherni Vrah bietet einen Panoramablick auf die Stadt und die umliegende Umgebung. Im Winter wird die Region zu einem beliebten Ski- und Snowboard-Ziel.

Pindos-Gebirge, Griechenland. Das Pindos-Gebirge im Norden Griechenlands, bekannt als „Rückgrat Griechenlands", verfügt über eine Vielzahl von

Wegen, die durch schöne Wälder, Flüsse und abgelegene Siedlungen führen. Die Vikos-Schlucht ist ein Muss, da es sich um eine der tiefsten Schluchten der Welt handelt. Der Pindos-Nationalpark ist ein guter Ort, um alte Steinsdörfer zu besichtigen und das Landleben kennenzulernen.

2. Rafting und Flussabenteuer
Auf dem Balkan gibt es viele wilde und ungezähmte Flüsse, die sich ideal für Wildwasser-Rafting, Kajakfahren und Canyoning eignen.
Der Fluss Tara (Montenegro, Bosnien und Herzegowina) Der Fluss Tara fließt durch die steile Tara-Schlucht und dient als Grenze zwischen Montenegro und Bosnien und Herzegowina. Dieser Fluss ist einer der besten Rafting-Orte Europas mit aufregenden Stromschnellen und einer wunderschönen Umgebung. Der Canyon ist nach dem Grand Canyon der zweittiefste der Welt.
Der Fluss Moraca, Montenegro Der Fluss Moraca ist für seine felsige und wunderschöne Umgebung bekannt und bietet großartige Möglichkeiten zum Rafting. Der Fluss fließt durch den Moraca Canyon, wo Entdecker adrenalingeladene Stromschnellen erleben und gleichzeitig atemberaubende Ausblicke auf Klippen und Bäume bewundern können.

Der Fluss Drina (Serbien, Bosnien und Herzegowina)
Der Fluss Drina bietet durch seine atemberaubende,
abgeschiedene Umgebung unvergessliche
Rafting-Abenteuer. Der beliebteste Abschnitt zum
Rafting ist Perucica, wo der Fluss an steilen Klippen
und wunderschönen Bäumen vorbeirauscht.
Der Fluss Neretva (Bosnien und Herzegowina)
Rafting auf der Neretva bietet eine Kombination aus
aufregenden Stromschnellen und ruhigen
Abschnitten, alles vor der atemberaubenden
Landschaft der Herzegowina. Der Fluss fließt durch
enge, wunderschöne und wunderschöne grüne Täler
und ist daher ein beliebtes Rafting-Ziel.
3. Mountainbiken und Radfahren
Auf dem Balkan gibt es felsiges Gelände, Feldwege
und malerische Straßen, die sich ideal zum Berg,
Reiten und Radfahren eignen. Viele Orte bieten
geführte Touren und gut gepflegte Strecken sowohl
für Anfänger als auch für erfahrene Reiter an.
Durmitor-Nationalpark, Montenegro. Durmitor, ein
UNESCO-Weltkulturerbe, verfügt über
anspruchsvolle Radwege durch dichte Wälder, steile
Gipfel und Almwiesen. Mountainbiker auf der Suche
nach einem Adrenalinstoß werden die spektakulären
Abfahrten des Tara River Canyon genießen.
Region des Ohridsees (Mazedonien, Albanien) Die
Region des Ohrid-Sees ist für ihre zum
UNESCO-Weltkulturerbe gehörende Schönheit

bekannt, eignet sich aber auch als Rad-Reiseziel. Die Fahrt entlang des Seeufers bietet atemberaubende Ausblicke sowie die Möglichkeit, alte Kirchen und benachbarte Gemeinden zu besichtigen. Die benachbarten Hügel bieten eine Reihe von Reitwegen für alle Könnensstufen.

Das Velebit-Gebirge, Kroatien Das Velebit-Gebirge ist ein großartiger Ort zum Bergrennen. Der Naturpark Velebit verfügt über verschiedene Wanderwege, die von sanften Waldwegen bis hin zu anspruchsvollen Routen für erfahrene Radfahrer reichen. Der Park bietet atemberaubende Ausblicke auf die Adria, sodass sich die Mühe lohnt.

Istrien, Kroatien. Istrien verfügt mit seiner Kombination aus Küstenstraßen und Hügeln im Landesinneren über ein ausgedehntes Netz an Radwegen. Die istrische Halbinsel ist für ihre Fahrradinfrastruktur bekannt und eignet sich daher perfekt für Straßen, Radtouren und Radausflüge, die attraktive Dörfer, Weingüter und malerische Küsten umfassen.

4. Höhlenforschung und Entdeckung unterirdischer Wunder

Die Karstgebiete des Balkans sind reich an Höhlen, was sie zu einem großartigen Ort für Höhlen Liebhaber macht.

Höhle von Postojna, Slowenien. Postojna ist mit mehr als 24 Kilometern Gängen eine der größten und berühmtesten Höhlen Europas. Besucher können mit dem Zug in das Höhlensystem fahren, um die Kalkstein-Strukturen und unterirdischen Flüsse zu erkunden. Die Höhle beherbergt auch den ungewöhnlichen menschlichen Fisch (Proteus), eine Amphibie, die in der Dunkelheit lebt.

Skocjan-Höhlen, Slowenien. Die Skocjan-Höhlen, ein UNESCO-Weltkulturerbe, sind für ihre riesigen unterirdischen Kammern und steilen Schluchten bekannt. Die Höhlen sind nicht nur eine atemberaubende Naturschönheit, sondern auch eine archäologische Stätte mit antiken Knochen und frühen menschlichen Artefakten, die in der Region entdeckt wurden.

Die Höhle des Bären, Serbien Diese Höhle im Vrsac-Gebirge ist bekannt für ihre alten Bären- und Tierfossilien. Es ist ein einzigartiges Ziel für Höhlenforscher und alle, die sich für die unterirdische Geschichte der Region interessieren.

5. Gleitschirmfliegen und Flugabenteuer

Für diejenigen, die Abenteuer in der Luft suchen, bietet der Balkan einige der schönsten Orte zum Gleitschirmfliegen und Heißluftballonfahren.

Der Olymp (Griechenland) Der Olymp, die legendäre Heimat der griechischen Götter, ist ein beliebtes Ziel für Gleitschirmflieger. Die Startplätze bieten einen

Panoramablick auf das Ägäische Meer und die angrenzende Landschaft. Es ist eine aufregende Möglichkeit, die Schönheit der Gegend von oben zu betrachten.

Bleder See, Slowenien. Gleitschirmfliegen über dem Bleder See bietet atemberaubende Ausblicke auf den See, die mittelalterliche Burg auf einem Felsen und die umliegenden Berge. Der ruhige Wind und die herrlichen Ausblicke machen diesen Ort zu einem beliebten Ort sowohl für neue als auch erfahrene Gleitschirmflieger.

Bucht von Kotor, Montenegro. Die herrliche Bucht von Kotor mit ihrer spektakulären Fjordlandschaft bietet ideale Bedingungen zum Gleitschirmfliegen. Adrenalin-Liebhaber lieben die Mischung aus Küsten, Luftströmungen und wunderschönen Ausblicken auf die Adria .

6. Wildtiersafaris und Öko-Touren
Bei Wildtiersafaris und Öko-Touren können Besucher die vielfältige Fauna und Flora des Balkans erleben.

Bulgariens Zentralbalkan-Nationalpark: Dieser Park ist für seine Artenvielfalt bekannt und bietet Möglichkeiten für Kanutouren, Vogelbeobachtungen und Tiersafaris. Es ist die Heimat von Bären, Wölfen und Luchsen und somit ein ideales Reiseziel für Naturliebhaber.

Sonntags in Picos de Europa, Serbien, erkunden Sie
das Picos de Europa-Gebirge zu Pferd oder zu Fuß
und treffen Sie Wildpferde, Adler und eine vielfältige
Vielfalt an Flora und Tieren. Geführte Öko-Touren
geben Einblick in die Naturschutzinitiativen und die
Artenvielfalt der Region.
Abschluss
Der Balkan bietet eine unvergleichliche Vielfalt an
Outdoor-Aktivitäten, von den hohen Gipfeln der
Berge bis zu den rauschenden Flüssen darunter.

Sicherheitstipps für Treffen mit Einheimischen und kulturelle Etikette

Bei Besuchen bei Einheimischen auf dem Balkan
sollten Touristen sowohl auf Sicherheit als auch auf
kulturelle Etikette achten, um gute und
zuvorkommende Begegnungen zu gewährleisten.
Hier finden Sie einige ausführliche
Sicherheitsrichtlinien und kulturelle Etikette für den
Umgang mit Einheimischen in dieser Gegend.
Sicherheitstipps
Achten Sie auf Ihre Umgebung.
Während der Balkan für Reisende normalerweise
sicher ist, ist Vorsicht geboten, insbesondere an
belebten Orten oder an Touristenattraktionen.
Halten Sie Ausschau nach Taschendieben,

insbesondere an überfüllten Orten in Großstädten wie Marktplätzen.

Respektieren Sie die örtlichen Normen und Grenzen. Seien Sie sich immer der kulturellen Unterschiede bewusst. Was in Ihrem Heimatland normal ist, kann auf dem Balkan als unhöflich oder beleidigend empfunden werden. Wenn Sie sich über Traditionen nicht sicher sind, bitten Sie die Einheimischen um Hilfe.

Vertrauen Sie Ihren Instinkten.

Wenn Ihnen etwas nicht richtig vorkommt oder Sie sich in einer unbequemen Lage befinden, hören Sie auf Ihren Instinkt. Vermeiden Sie es, nachts alleine in abgelegene Regionen zu reisen, insbesondere in neue Städte oder Gemeinden.

Nutzen Sie seriöse Transportmittel.

Wenn Sie zwischen Städten oder Städten pendeln, nutzen Sie lizenzierte Taxis oder Mitfahrgelegenheiten wie Uber (verfügbar in mehreren Balkanländern). Vermeiden Sie es, von Fremden mitgenommen zu werden, da dies gefährlich sein könnte.

Bewahren Sie Ihre Sachen sicher auf.

Wenn Sie unterwegs sind, nehmen Sie nur das mit, was Sie brauchen, und bewahren Sie lebenswichtige Dinge wie Ihren Reisepass, Ihre Kreditkarten und Bargeld in einer sicheren Tasche oder einem Gürtel auf.

Kennen Sie die Notfallkontakte:
Machen Sie sich mit den Notrufnummern für jedes Land vertraut. In den meisten Balkanländern lautet die Notrufnummer der Polizei, beispielsweise 112.
Bleiben Sie über die lokale Politik informiert:
Das Gebiet hat eine komplizierte politische Geschichte. Vermeiden Sie es, sensible Themen wie die jüngsten Kriege oder ethnische Spannungen zu besprechen, die sich schnell zu unangenehmen oder sogar gefährlichen Situationen entwickeln können.
Tipps zur kulturellen Etikette:
Begrüßung und Körperkontakt:
Die beliebteste Art, jemanden zu begrüßen, ist ein fester Händedruck. Es ist höflich, mit direktem Blickkontakt anzubieten.
Kuss auf die Wange: In bestimmten Ländern wie Serbien, Bosnien und Herzegowina und Montenegro ist es üblich, enge Freunde und Verwandte mit einem Wangenkuss zu begrüßen. Dies wird oft zweimal wiederholt, beginnend mit der linken Wange.
Titel und Formalität: Sprechen Sie Personen mit geeigneten Titeln an, z. B. „Herr. oder „Frau" und verwenden Sie Ihren Nachnamen, bis Sie aufgefordert werden, Ihren Vornamen zu verwenden. In vielen Kulturen des Balkans wird Autorität und Ältesten sehr geschätzt.
Persönlicher Raum: Obwohl Händeschütteln beliebt ist, stehen die Menschen auf dem Balkan bei

Gesprächen möglicherweise näher beieinander, als es in der westlichen Gesellschaft üblich ist. Ziehen Sie sich nicht sofort zurück – diese Nähe soll nicht aufdringlich wirken.

Respekt vor den Ältesten:

Älteste genießen auf dem Balkan hohes Ansehen, daher ist es notwendig, ihnen großzügige Anerkennung zu zollen. Verwenden Sie bei Gesprächen mit älteren Menschen die richtige Sprache und vermeiden Sie es, sie zu unterbrechen.

Verhaltensregeln beim Abendessen:

Warten Sie auf eine Einladung zum Sitzen: In vielen Balkankulturen müssen Besucher warten, bis der Gastgeber ihnen einen Platz am Tisch zuweist.

Machen Sie ein Kompliment für das Essen: Es ist höflich, ein Kompliment für das Essen zu machen, insbesondere wenn Sie bei jemandem zu Hause essen. Nur „köstlich" oder „lecker" zu sagen, kann viel bewirken.

Lehnen Sie Angebote nicht ab. Wenn Ihnen jemand Essen oder Trinken anbietet, insbesondere im sozialen Kontext, gilt die Ablehnung als respektlos. Wenn Sie keinen Hunger haben oder nicht mehr möchten, erläutern Sie vorsichtig Ihre Position und nehmen Sie nur minimale Portionen in Kauf.

Trinken Sie verantwortungsbewusst. In Serbien und Kroatien ist Trinken ein beliebter gesellschaftlicher Zeitvertreib. Wenn Alkohol verabreicht wird, ist es üblich, ihn zu akzeptieren, aber man fühlt sich nicht dazu verpflichtet, übermäßig viel zu konsumieren. Trinkwasser wird üblicherweise zu alkoholischen Getränken gereicht, also nehmen Sie es immer ein, wenn Sie es trinken.

Kleiderordnung:
Während es auf dem Balkan in der Regel lockerer zugeht als in anderen europäischen Ländern, ist es dennoch notwendig, sich dezent zu kleiden, insbesondere beim Besuch religiöser Orte oder ländlicher Gebiete. In orthodoxen christlichen Kirchen müssen Frauen ihren Kopf bedecken und sowohl Männer als auch Frauen müssen sich anständig kleiden.

Religion respektieren:
Der Balkan ist ein religiös vielfältiges Gebiet, in dem das orthodoxe Christentum, der Islam und der Katholizismus die vorherrschenden Glaubensrichtungen sind. Respektieren Sie religiöse Konventionen, z. B. das Ausziehen der Schuhe vor dem Betreten einer Moschee oder eines Hauses und Schweigen in Gotteshäusern.

Trinkgeld-Etikette:
Trinkgeld ist erwünscht, aber nicht unbedingt erforderlich. Wenn die Servicegebühr nicht in der Rechnung enthalten ist, ist es üblich, etwa 10 % des Gesamtbetrags Trinkgeld zu geben. In anderen Dienstleistungsbereichen (Taxifahrer,

Hotelangestellte) ist es üblich, aufzurunden oder ein kleines Trinkgeld zu geben.

Zeigen Sie nicht mit den Füßen:

In mehreren Balkanländern gilt es als unhöflich, mit dem Fuß auf andere, insbesondere auf ältere Menschen, zu zeigen. Wenn Sie auf dem Boden liegen, versuchen Sie, mit gekreuzten Beinen zu sitzen, und richten Sie während des Chats Ihre Füße nicht auf andere Personen.

Vermeiden Sie sensible Themen:

Der Balkan hat eine Geschichte politischer und ethnischer Konflikte, vor allem im Zusammenhang mit den Jugoslawienkriegen und nationalen Identitäten. Es ist besser, bestimmte Themen nicht anzusprechen, bis Sie überzeugt sind, dass sich die andere Person damit wohlfühlt.

Seien Sie geduldig mit dem langsamen Service.

In vielen Balkanländern herrscht ein langsameres Lebenstempo, was sich im Restaurant- und Einzelhandelsservice widerspiegelt. Rechnen Sie damit, zu warten und seien Sie geduldig. Das Servicepersonal ist häufig weniger gestresst als in westlichen Ländern, was jedoch nicht unbedingt auf einen schlechten Service schließen lässt.

Öffentliche Liebesbekundungen:

Öffentliche Liebesbekundungen sind in weiten Teilen des Balkans normalerweise erlaubt, es ist jedoch wichtig, den Kontext zu beurteilen. In konservativen

Situationen kann ein solches Verhalten missbilligt werden. Seien Sie also vorsichtig.

Dinge, die man auf dem Balkan vermeiden sollte

Diskutieren Sie nicht über Politik oder Krieg.
Vermeiden Sie heikle politische Gespräche, insbesondere solche über den Zerfall Jugoslawiens oder ethnische Spannungen. Die reiche Geschichte der Feindseligkeiten in der Region kann zu unangenehmen oder hitzigen Gesprächen führen.
Vermeiden Sie negative Kommentare über die Region.
Die Menschen auf dem Balkan sind sehr stolz auf ihre Kultur und ihr Erbe. Negative Kommentare über den Ort, insbesondere von Außenstehenden, könnten die Menschen verärgern.
Vermeiden Sie es, den Kopf zu berühren (besonders bei Kindern):
Das Berühren des Kopfes einer Person, insbesondere des Kopfes eines Kindes, gilt in mehreren Regionen des Balkans als unhöflich. Dies hängt oft mit kulturellen oder religiösen Überzeugungen zusammen.
Hetzen Sie die Leute nicht:
Das Leben auf dem Balkan ist oft entspannter. Hetzen Sie die Einheimischen nicht, insbesondere bei

gesselligen Veranstaltungen oder Messen . Seien Sie
geduldig und vermeiden Sie es, auf die Uhr zu
schauen und gereizt zu wirken.
Es ist höflich, vor der Erschießung von Personen eine
Genehmigung einzuholen, insbesondere in ländlichen
oder traditionellen Situationen. Manche Menschen
fühlen sich möglicherweise unwohl, wenn sie
fotografiert werden.

Eine 7-tägige Reiseroute für Erstbesucher auf dem Balkan.

Der Balkan, ein Gebiet voller Geschichte,
einzigartiger Kulturen, atemberaubender Landschaft
und echter Gastfreundschaft, bietet Besuchern ein

233

außergewöhnliches Erlebnis. Für Erstbesucher umfasst diese 7-tägige Reiseroute bedeutende Städte, bedeutende Sehenswürdigkeiten und einige verborgene Schätze sowie eine gesunde Mischung aus Geschichte, Kultur, Natur und Freizeitaktivitäten.

Erster Tag: Ankunft in Belgrad, Serbien.

Morgen: Ankunft in Belgrad, der blühenden Hauptstadt Serbiens. Beginnen Sie mit einem Besuch der Festung Kalemegdan, die einen Panoramablick auf die Flüsse Save und Donau bietet.

Nachmittag: Schlendern Sie durch die Innenstadt auf der Knez-Mihailova-Straße, Belgrads wichtigster Fußgängerzone voller Geschäfte, Cafés und historischer Gebäude. Besuchen Sie den Platz der Republik und das Nationalmuseum Serbiens.

Abend: Essen Sie in einem der beliebten Restaurants Belgrads zu Abend, vielleicht im Künstlerviertel Skadarlija, das für seine traditionelle serbische Küche und sein lebendiges Ambiente bekannt ist.

Tag 2: Belgrad – Novi Sad

Morgen: Machen Sie eine kurze Autofahrt oder Bahnfahrt nach Novi Sad, das etwa eine Stunde von Belgrad entfernt liegt. Beginnen Sie Ihren Tag mit einem Besuch der Festung Petrovaradin, manchmal auch als „Gibraltar an der Donau" bekannt, die atemberaubende Ausblicke auf die Stadt und den Fluss bietet.

Nachmittag: Erkunden Sie die barocken Gebäude des Stadtzentrums, den Donaupark und das Museum der Vojvodina, um einen detaillierten Einblick in die Geschichte und Kultur der Region zu erhalten.

Die Abende in Novi Sad können Sie in attraktiven Cafés verbringen oder mit Einheimischen über den Svetozar-Miletić-Platz schlendern.

Tag 3: Novi Sad – Sarajevo, Bosnien und Herzegowina

Morgen: Fahrt nach Sarajevo (ca. 4-5 Stunden mit dem Auto). Erkunden Sie den Baščaršija, einen antiken osmanischen Markt mit kleinen Gassen, historischen Gebäuden und lokalen Handwerkern.

Nachmittag: Besuchen Sie die Gazi-Husrev-Beg-Moschee, eines der bedeutendsten osmanischen Bauwerke der Stadt, und besuchen Sie die Lateinerbrücke, den Ort der Ermordung von Erzherzog Franz Ferdinand, die den Ersten Weltkrieg auslöste.

Abend: Besuchen Sie die gelbe Bastion und genießen Sie den Sonnenuntergang über der Stadt. Genießen Sie ein klassisches spanisches Abendessen mit Cevapi (gegrilltes Rinderhackfleisch) in einem Restaurant in der Nachbarschaft.

Tag 4: Sarajevo – Mostar Vormittag: Tagesfahrt (2–2,5 Stunden) nach Mostar, bekannt für sein Wahrzeichen Stari Most (Alte Brücke). Spazieren Sie durch den Alten Basar, schauen Sie sich lokale Waren an und genießen Sie die lebhafte Umgebung.

Nachmittag: Besuchen Sie das Kriegsmuseum Mostar, um mehr über die jüngste Geschichte der Stadt zu erfahren, und schlendern Sie anschließend entlang des Flusses Neretva. Verpassen Sie nicht die Koski-Mehmed-Pascha-Moschee, die einen atemberaubenden Blick auf die Alte Brücke bietet.

Abend: Rückkehr nach Sarajevo und verbringen Sie einen entspannten Abend in der Altstadt oder in einem der örtlichen Cafés.

Tag 5: Sarajevo-Dubrovnik, Kroatien.

Morgen: Frühe Abfahrt nach Dubrovnik (ca. 4 Stunden mit dem Auto). Nach Ihrer Ankunft begeben Sie sich direkt in die Altstadt, die zum UNESCO-Weltkulturerbe gehört. Ein Spaziergang um die Stadtmauern bietet wunderschöne Ausblicke auf die Adria und die roten Ziegeldächer der Stadt.

Nachmittag: Besichtigen Sie den Rektorenpalast, den Sponza-Palast und das Franziskanerkloster, in dem sich eine der ältesten Apotheken Europas befindet.

Abends: Machen Sie einen Spaziergang entlang der Stradun (Hauptstraße) und genießen Sie eine Mahlzeit mit Meeresfrüchten, während Sie die malerische Uferpromenade bewundern.

Tag 6: Dubrovnik – Kotor, Montenegro

Morgen: Fahren Sie etwa zwei Stunden entlang der Küste nach Kotor in Montenegro, das zwischen den

236

Bergen und der Bucht von Kotor liegt. Beginnen Sie mit einem Besuch der Altstadt von Kotor, einem architektonischen Meisterwerk mit ihren kleinen Gassen und alter Architektur.

Nachmittag: Wandern Sie zur Festung San Giovanni und genießen Sie den Panoramablick auf die Bucht und die Stadt darunter. Wenn Sie sich entspannen möchten, unternehmen Sie einen Bootsausflug rund um die Bucht und machen Sie Halt in umliegenden Dörfern wie Perast und der Insel Our Lady of the Rocks.

Abend: Speisen Sie in einem Strandrestaurant und genießen Sie ausgezeichnete Meeresfrüchte und einen atemberaubenden Blick auf die Bucht.

Tag 7: Kotor – Skopje, Nord Mazedonien

Morgen: Fahrt nach Skopje (ca. 4-5 Stunden mit dem Auto). Besuchen Sie den Alten Basar, wo der osmanische Einfluss noch immer in der Architektur, den Moscheen und den Marktplätzen zu erkennen ist.

Nachmittag: Entdecken Sie den Mazedonien-Platz und die Steinbrücke, beides Symbole der reichen Geschichte Skopjes. Besuchen Sie das Mutter-Teresa-Gedenkhaus, das Mutter Teresa gewidmet ist, die in Skopje geboren wurde.

Abend: Lassen Sie Ihren Urlaub mit einem entspannten Essen in einem der lebhaften Restaurants von Skopje ausklingen, wo Sie traditionelle mazedonische Küche und lokale Weine genießen können.

Fazit: Warum der Balkan 2025/2026 besucht werden muss

Der Balkan ist ein einzigartiges Reiseziel mit einer herausragenden Mischung aus Geschichte, Kultur, Naturschönheit und geschäftigen Städten. Für Erstbesucher stellt diese 7-tägige Reiseroute einige der bekanntesten Städte und Sehenswürdigkeiten vor und bietet gleichzeitig Möglichkeiten zur Freizeitgestaltung und zur Entdeckung verborgener Schätze. Ob es sich um die antike Schönheit von Dubrovnik, die osmanische Geschichte von Sarajevo oder die spektakuläre Landschaft von Montenegro handelt, der Balkan bietet eine Vielzahl von Erlebnissen, die den Vorlieben jedes Reisenden gerecht werden.

Wichtige Tipps für einen Besuch auf dem Balkan im Zeitraum 2025–2026:

Reisezeiten: Die ideale Reisezeit ist der Frühling (April bis Juni) oder der Herbst (September bis Oktober), wenn das Wetter angenehm und der Andrang geringer ist.

Die meisten Balkanländer haben ihre eigene Währung, daher ist es am besten, etwas Bargeld zur Hand zu haben, während Kreditkarten in größeren Städten im Allgemeinen akzeptiert werden.

Sprache: Während viele Menschen in der Gegend Englisch sprechen, wird das Erlernen einiger grundlegender Wörter in der Landessprache Ihr Erlebnis verbessern.

Konnektivität: Die Region ist gut angebunden. Beachten Sie jedoch, dass in einigen isolierten Regionen die WLAN- oder Mobilfunkabdeckung unzureichend ist.

Wenn Sie diesen Zeitplan und diese Ratschläge befolgen, können Sie das Beste aus Ihrem Balkan-Erlebnis herausholen und eine Mischung aus atemberaubender Landschaft, interessanter Geschichte und lokaler Kultur genießen. Egal, ob Sie historische Städte besichtigen, durch spektakuläre Berge wandern oder köstliche lokale Gerichte probieren, der Balkan wird Ihnen erstaunliche Erinnerungen hinterlassen.

Made in the USA
Las Vegas, NV
31 December 2024

15610326R00133